Stefan Wagner

# Barrierefreie und thesaurusbasierte Suchfunktion für das Webportal der Stadt Nürnberg

Diplomica® Verlag GmbH

Wagner, Stefan: Barrierefreie und thesaurusbasierte Suchfunktion für das Webportal der Stadt Nürnberg, Hamburg, Diplomica Verlag GmbH 2008

ISBN: 978-3-8366-5761-7
Druck Diplomica® Verlag GmbH, Hamburg, 2008
Zugl. Georg-Simon-Ohm-Fachhochschule Nürnberg, Nürnberg, Deutschland,
Diplomarbeit, 2007

Bibliografische Information der Deutschen Bibliothek
Die Deutsche Bibliothek verzeichnet diese Publikation in der Deutschen
Nationalbibliografie;
detaillierte bibliografische Daten sind im Internet über
<http://dnb.ddb.de> abrufbar.

© Diplomica Verlag GmbH
http://www.diplomica.de, Hamburg 2008
Printed in Germany

# Kurzfassung

Im Internetportal der Stadt Nürnberg wurde in einer vorausgehenden Diplomarbeit eine Suchmaschine auf Basis des Produktes e:IAS der Fa. empolis GmbH realisiert. Diese Lösung soll in verschiedenen Bereichen verbessert und erweitert werden.

Es sollen aussagekräftige Logfiles generiert und ausgewertet werden, insbesondere sollen die Auswertungen mit denen der vorhergehenden Suchlösung vergleichbar sein.

Bei der Ergebnispräsentation sollen die Erfordernisse der Barrierefreiheit beachtet werden und die vorhandenen Templates entsprechende Anpassung erfahren.

Die Lösung soll um Ansätze semantischer Suche erweitert werden. Es ist angedacht die vorhandene Synonymverwendung auszubauen und um Taxonomien zu einem Thesaurus zu erweitern. Dabei sollen verschiedene Möglichkeiten untersucht werden und eine Möglichkeit, mindestens prototypisch, integriert werden.

# Inhaltsverzeichnis

# Abbildungsverzeichnis

# Tabellenverzeichnis

# Formelverzeichnis

# 1    Motivation

*Das Schwerste: Immer wieder entdecken, was man ohnehin weiß.*[1]

In dem Webportal der Stadt Nürnberg ist Wissen zu vielen verschiedenen Themen auf unzähligen Seiten gespeichert. Doch dieses Wissen ist nutzlos, wenn man es nicht findet. Diese Diplomarbeit soll dazu beitragen, dass die Informationen, die ein Besucher des Webportals sucht, von ihm auch gefunden werden.

Diese Arbeit baut auf der Diplomarbeit von Marek Ertel[2] auf und führt dessen Thema weiter. Neben der produktiven Inbetriebnahme der Suchmaschine auf Basis des Produktes e:IAS der Fa. empolis GmbH besteht die Arbeit aus drei Themen:

- Es sollen aussagekräftige Logfiles generiert und ausgewertet werden.

- Bei der Ergebnispräsentation sollen die Erfordernisse der Barrierefreiheit be-achtet werden.

- Thesauri sollen die Lösung um Ansätze semantischer Suche erweitern.

---

[1] Elias Canetti (1905 - 1994), Schriftsteller spanisch-jüdischer Herkunft
[2] Siehe [Ertel2006]

# 2 Grundlagen

Dieses Kapitel soll einige Grundlagen klären, die für die vorliegende Diplomarbeit benötigt werden.

## 2.1 Textbasierte Suche

Die einfachste Suchmöglichkeit, um passende Dokumente zu finden, ist der Vergleich der Wörter in der Anfrage mit den Wörtern im Dokument; je mehr Wörter der Anfrage im Dokument vorhanden sind, desto relevanter ist es für den Benutzer. Um mehr Ergebnisse zu erzielen, können die Wörter vorher auf ihre Grundformen zurückgeführt werden, so wird z. B. „ging" zu „gehen" und „Häuser" zu „Haus". Diesen Vorgang nennt man Stemming.

Allerdings ist diese Methode zunächst nicht sehr gut geeignet, um die Relevanz eines Dokuments zu bestimmen, da beispielsweise nicht berücksichtigt wird, wie häufig das gesuchte Wort allgemein im Sprachgebrauch vorkommt. So ist z. B. „nicht" das 16-häufigste Wort im Deutschen[3], es wird also in vielen Dokumenten der Suchbasis vorkommen und ist somit als Suchbegriff wesentlich schlechter geeignet als ein Wort, das nur selten verwendet wird. Wie relevant ein Dokument als Ergebnis einer Suche ist, hängt weiterhin sicher davon ab, wie häufig ein Suchbegriff in dem Dokument enthalten ist.

Beide Überlegungen werden mit dem Suchverfahren TF/IDF (Term Frequency / Inverted Document Frequency) verfolgt. Über die inverse Dokumenthäufigkeit (engl. IDF) bekommt ein Term, also ein Wort, das nur in wenigen Dokumenten der Dokumentenbasis vorkommt, einen höheren Wert als ein Wort, das in vielen Dokumenten der Dokumentenbasis erscheint. Formel 1 ist die dazugehörige Berechnungsfunktion, sie kann reelle Werte größer Null annehmen.

---

[3] Vgl. [Wortschatz]

$$idf_i = \log \frac{N}{n_i}$$

mit   N           Anzahl aller Dokumente

$n_i$          Anzahl der Dokumente die Term i beinhalten

Formel 1: Inverse Dokumenthäufigkeit des Terms i

Die Termfrequenz (TF) gibt die relative Häufigkeit eines Wortes bzw. Terms in einem bestimmten Dokument an (siehe Formel 2). Sie kann Werte zwischen Null und Eins annehmen.[4]

$$tf_{i,d} = \frac{freq_{i,d}}{\max_l freq_{l,d}}$$

mit   $freq_{i,d}$   Häufigkeit des Terms i im Dokument i

$\max_l freq_{l,d}$ Häufigkeit des häufigsten Terms l im Dokument i

Formel 2: Termfrequenz des Terms i im Dokument d

TF/IDF ist das Produkt aus Termfrequenz und inverser Dokumenthäufigkeit und somit kann die Relevanz eines Dokuments zu einer Suchanfrage berechnet werden.

Folgendes Beispiel soll die Berechnung erläutern:

Das Dokument $d_1$ enthält die Wörter „Stadt Nürnberg", das zweite Dokument $d_2$ „Stadt Schwabach" und das dritte ($d_3$) „Landkreis Fürth". Zuerst werden die Terme in Kleinbuchstaben umgewandelt und Umlaute durch ihre Umschreibung ersetzt. Danach erfolgt die Berechnung der IDF-Werte (siehe Tabelle 1).

---

[4] Vgl. [Ertel2006], Kapitel 2.4.2, S. 14 f

| i | $idf_i$ |
|---|---|
| stadt | $\log\dfrac{3}{2} = 0,176$ |
| schwabach | $\log\dfrac{3}{2} = 0,176$ |
| fuerth | $\log\dfrac{3}{1} = 0,477$ |
| nuernberg | $\log\dfrac{3}{1} = 0,477$ |
| landkreis | $\log\dfrac{3}{1} = 0,477$ |

Tabelle 1: IDF-Werte

Ebenso werden die TF-Werte aller Terme berechnet (siehe Tabelle 2).

| i \ d | d1 | d2 | d3 |
|---|---|---|---|
| stadt | 1 | 1 | 0 |
| schwabach | 0 | 1 | 0 |
| fuerth | 0 | 0 | 1 |
| nuernberg | 1 | 0 | 0 |
| landkreis | 0 | 0 | 1 |

Tabelle 2: TF-Wert

Aus diesen Werten lassen sich dann die TF/IDF-Werte berechnen (siehe Tabelle 3), die einzelnen Spalten der Tabelle lassen sich nun auch als Gewichtsvektor des jeweiligen Dokuments lesen.

| i \ d | $d_1$ | $d_2$ | $d_3$ |
|---|---|---|---|
| stadt | 0,176 | 0,176 | 0 |
| schwabach | 0 | 0,477 | 0 |
| fuerth | 0 | 0 | 0,477 |
| nuernberg | 0,477 | 0 | 0 |
| landkreis | 0 | 0 | 0,477 |

Tabelle 3: TF/IDF-Werte

Wird nun eine Anfrage q mit dem Term „Stadt Nürnberg" übermittelt, wird wieder wie oben der TF/IDF-Wert berechnet und als Anfragevektor bekommt man q = (0,176, 0,477, 0,0,0). Durch den direkten Vergleich sieht man, dass das Dokument $d_2$ exakt der Anfrage entspricht, die Ähnlichkeit also 1 ist, zum Dokument $d_3$ besteht gar keine Übereinstimmung, also eine Ähnlichkeit von 0 und zum Dokument $d_1$ besteht nur eine teilweise Ähnlichkeit. Würde man die Werte in eine Berechnungsfunktion für die Größe der Ähnlichkeit einsetzten, auf die hier nicht weiter eingegangen wird (eine abgewandelte Form des Kosinusmaßes), würde man eine 35-prozentige Ähnlichkeit erhalten.[5]

Diese Form der Relevanzbestimmung wurde in einer Vorgängerdiplomarbeit in die e:IAS Suche integriert, die vorliegende Arbeit wird die Einbindung und Verwendung von Thesauri zur Relevanzbestimmung untersuchen.

## 2.2 Taxonomien und Thesauri

### 2.2.1 Was sind Taxonomien und Thesauri

Ein Thesaurus, im Sinne der Information und Dokumentation, ist nach DIN 1463-1[6] (bzw. ISO 2788) Teil eines Informationsystems. Seine wesentlichen Anwendungen lassen sich wie folgt darstellen:

Die wesentlichen Inhalte einer Wissensquelle werden mit einem Thesaurus deskribiert (erschlossen), dies geschieht durch die sogenannte Indexierung. Das Indexierungsergebnis ist eine Liste natürlichsprachiger Wörter, die nicht frei wählbar sind, sondern nach bestimmten Regeln einem Thesaurus entnommen werden müssen.

Bei dem Information Retrieval (Informationswiedergewinnung) dient der Thesaurus der Suche nach relevanten Wissensquellen (Dokumenten), indem sich der Nutzer der indexierten Wörter bedient. Da der Thesaurus diese Wörter gleichzeitig auch miteinander in Beziehung setzt, kann dieses Beziehungsgeflecht auch als Suchhilfe (Pfad) genutzt werden.

Thesauri werden immer auf Basis einer Wissenssammlung erstellt. Weltweit dürfte es mehrere Tausend Thesauri geben, die alle auf bestimmte Fachgebiete ausgerichtet sind. Der „Thesaurus Guide" verzeichnete 1993 rund 600 aktiv genutzte Thesauri in unterschiedlichen natürlichen Sprachen[7].

Ein Thesaurus enthält ein „kontrolliertes Vokabular", also eine eindeutige Benennung für jeden Begriff (Deskriptor oder Schlagwort) – diese Benennung kann, wenn der Thesaurus elektronisch verarbeitet wird, auch vollkommen abstrakt sein (z. B. eine

---

[5] Vgl. [Ertel2006], Kapitel 2.4.2 S. 16 f
[6] [DIN1463-1]
[7] [Eurobrokers1992]

laufende Nummer), deswegen spricht man hier auch von einem Konzept. Oft nimmt man aber dennoch eine natürlichsprachige Vorzugsbezeichnung, den Deskriptor. Da eine Eindeutigkeit in der natürlichen Sprache jedoch nicht gegeben ist, werden außerdem Äquivalenzrelationen eingefügt. So ist die Synonymie die Gleichheit oder auch nur große Ähnlichkeit der Bedeutung von unterschiedlichen Wörtern. Zu einem Deskriptor können also beliebig viele Synonyme in Beziehung gebracht werden. Gleiches gilt für Wörter, die unterschiedliche Schreibweisen besitzen, hier werden alle Möglichkeiten als Synonym-Beziehung angegeben; wichtig ist das insbesondere, wenn man eine Wissensbasis indexieren will, in der Dokumente in neuer und alter deutscher Rechtschreibung vorhanden sind. Auch Abkürzungen und eventuell Übersetzungen können so behandelt werden.

Schwieriger wird es mit Homonymen oder Polysemen, also Wörtern, die verschiedene Bedeutungen besitzen.[8] Hier werden die Wörter mehreren Deskriptoren zugeordnet und gleichzeitig markiert, um ihre Mehrdeutigkeit anzuzeigen. Zur richtigen Einordnung eines Dokuments muss dann der Kontext angeschaut werden, was bei der automatischen Verarbeitung Schwierigkeiten macht.

Daneben existieren noch hierarchische Relationen, um auf Hyponyme (Unterbegriffe) und Hyperonyme (Oberbegriffe) zu verweisen. DIN 1463-1 unterscheidet dabei noch zwischen generischer Relation, was als „eine hierarchische Relation zwischen zwei Begriffen, von denen der untergeordnete Begriffe (Unterbegriff) alle Merkmale des übergeordneten Begriffs (Oberbegriff) besitzt und zusätzlich mindestens ein weiteres spezifizierendes Merkmal"[9] definiert wird und partitiver Relation, was als „eine hierarchische Relation zwischen zwei Begriffen, von denen der übergeordnete (weitere) Begriff (Verbandsbegriff) einem Ganzen entspricht und der untergeordnete (engere) Begriff (Teilbegriff) einen der Bestandteile dieses Ganzen repräsentiert"[10] beschrieben wird.

Soll eine Beziehung beschrieben werden, die nicht den bisherigen Definitionen entspricht, existiert noch die Assoziationsrelation, sie ist eine „zwischen Begriffen bzw. ihren Bezeichnungen als wichtig erscheinende Relation, die weder eindeutig hierar-

---

[8] Besitzen beide Wörter die selben etymologische Wurzeln, spricht man von Polysemie, diese Wörter haben eine ähnliche Bedeutung (z. B. Pferd als Tier und Turngerät), andernfalls von Homonymie (z. B. Bank als Sitzmöbel oder Kreditinstitut).

[9] [DIN1463-1], Teil 1

[10] ebenda

chischer Natur ist, noch als äquivalent angesehen werden kann."[11] Diese schwammi-
ge Definition ist auch die Problematik dieser Beziehung. Sie kann zu einem Sammel-
becken geraten, in das alles hineingenommen wird, was in einem sehr weiten Sinn
mit dem Ausgangsbegriff zu tun hat. Oft entstehen dadurch sehr lange Reihen solcher „verwandten Begriffe". Ein Thesaurus sollte aber nicht versuchen, alle möglichen Zusammenhänge auszuweisen, in denen ein Begriff vorkommen kann. Der
Sinn dieser Relation ist vielmehr, „zusätzlich zur hierarchischen Struktur Querbezie-
hungen zu anderen, für die Formulierung des Sachverhaltesmöglicherweise geeigne-
ten Deskriptoren anzubieten"[12].

---

[11] ebenda
[12] [Burkart2004], Kapitel B 2.1.4.4, Seite 149

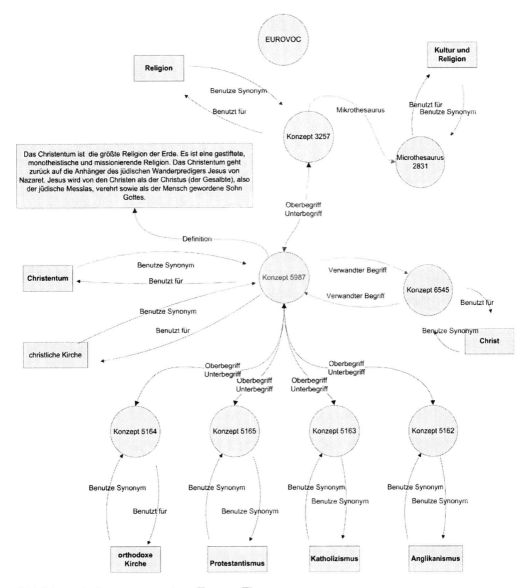

Abbildung 1: Auszug aus dem Eurovc-Thesaurus

In Abbildung 1 ist ein Auszug aus dem Eurovoc-Thesaurus abgebildet, dabei werden die Beziehungen des Begriffs „Christentum", mit dem Konzeptbezeichner „5987" in das Zentrum gestellt. In Tabelle 4 (Seite 21) sind die wichtigsten Bezeichnungen von Relationen in Thesauri aufgeführt, im Folgenden werden die DIN-Bezeichnungen näher erläutert.

Äquivalenzrelationen sollen immer reziprok dargestellt werden, es soll also nicht nur vom Nicht-Deskriptor (z. B. Synonym) auf den Deskriptor verwiesen werden sondern auch vom Deskriptor zu allen seinen Nicht-Deskriptoren. Dafür stehen die Beziehungen „Benutzt für" (BF) und „Benutze Synonym" (BS) (siehe Abbildung 2).

| |
|---|
| Deskriptor **BF** Nicht-Deskriptor  -  Samstag **BF** Sonnabend |
| Nicht-Deskriptor **BS** Deskriptor  -  Sonnabend **BS** Samstag |
| oder |
| 5987 **BF** Christentum |
| Christentum **BS** 5987 |

Abbildung 2: Beziehung BF und BS

Die beiden Arten der hierarchischen Relationen werden von den meisten Thesauri in einer allgemeinen hierarchischen Beziehungsart zusammengefasst. Die Beziehung ist ebenfalls reziprok und wird mit Unterbegriff (UB) und Oberbegriff (OB) bezeichnet (siehe Abbildung 3).

| |
|---|
| Oberbegriff **UB** Unterbegriff  -  Obstbaum **UB** Steinobstbaum |
| Unterbegriff **OB** Oberbegriff  -  Steinobstbaum **OB** Obstbaum |
| oder |
| 5987 **UB** 5165 |
| 5165 **OB** 5987 |

Abbildung 3: Beziehung UB und OB

Auch die Assoziationsbeziehung sollte immer reziprok sein. Hier wird die Bezeichnung „Verwandter Begriff" (VB) benutzt. In Abbildung 4 wird die Beziehung am Beispiel erläutert.

Deskriptor 1 **VB** Deskriptor 2    -    Obst **VB** Obstbaum

Deskriptor 2 **VB** Deskriptor 1    -    Obstbaum **VB** Obst

oder

5987 **VB** 6545

6545 **VB** 5987

Abbildung 4: Beziehung VB

Spitzenbegriff (SB) steht schließlich für die Wurzel eine Thesaurus. Dabei kann ein Thesaurus auch mehrere Teil-Thesauri umfassen, die jeweils einen eigenen Spitzenbegriff besitzen. Die Definition (D) liefert schließlich Informationen oder einen Verwendungshinweis zu dem jeweiligen Begriff.

| Thesauri – Kürzel und Bezeichnung | |
| --- | --- |
| *DIN 1463-1* | *ISO 2788* |
| BF - Benutzt für | UF - Used for |
| BS - Benutze Synonym | USE/SYN Use synonym |
| OB - Oberbegriff | BT - Broader term |
| UB - Unterbegriff | NT - Narrower term |
| VB - Verwandter Begriff | RT - Related term |
| SB - Spitzenbegriff | TT - Top term |
| D – Definition | SN – Scope Note |

Tabelle 4: Kürzel und Bezeichnungen in Thesauri

Etwas anders ist ein linguistischer Thesaurus aufgebaut. Statt Begriffen, die aus bestimmten Themenfeldern stammen wie beim Dokumentations-Thesaurus, werden hier Wörter mit ähnlicher und verwandter Bedeutung durch Verweise verknüpft. Auf diese Art von Thesauri wird im Folgenden nicht weiter eingegangen.

Eine Taxonomie ist eine hierarchische Ordnung von Begriffen in einer Baumstruktur. Ausgehend von einem Wurzelknoten werden in unserem Fall die Deskriptoren als Knoten und die hierarchischen Beziehungen als Kanten eingefügt. Dabei entspricht der Spitzenbegriff, solange der Thesaurus nur einen davon enthält, der Wurzel. Sind mehrer Spitzenbegriffe im Thesaurus vorhanden, müssen ein abstrakter Wurzelknoten und Kanten zu den einzelnen Spitzenbegriffen eingefügt werden. Die Taxonomie selbst enthält nur die Deskriptoren und die Beziehungen „Oberbegriff" bzw. „Unterbegriff", alle anderen Beziehungen müssen auf andere Weise abgebildet werden.

## 2.2.2 Semantische Suche mittels Thesauri

Bei Suchanfragen, die an eine große und heterogene Suchbasis gestellt werden, besteht dass Problem, das mit natürlicher Sprache, vor allem durch den Gebrauch von Synonymen, ein und derselbe Sachverhalt durch verschiedenste Wortkombinationen ausgedrückt werden kann. So besitzen etwa „Christentum" und „christliche Kirchen" die gleiche Bedeutung, es werden aber unterschiedliche Worte verwendet. Um in der Suchbasis alle Dokumente zu einem Thema zu finden, müsste der Anfragende auch alle möglichen Synonyme zu seiner Anfrage ausprobieren.

Ein ähnliches Problem tritt auf, wenn in der Suchbasis keine Dokumente, die das Wort oder eines seiner Synonyme enthalten, vorhanden sind. Dem Anfragenden wäre dann unter Umständen auch geholfen, wenn er entweder etwas speziellere oder etwas genereller Informationen zu seiner Frage bekommen würde. So können bei einer Anfrage nach „Christentum" auch Dokumente die „Protestantismus" bzw. das dazu gehörende Synonym „evangelische Kirche" enthalten, interessant sein.

Bei der Semantischen Suche, die auch Assoziativ- oder Synonym-Suche genannt wird, versucht man, den Sinn eines Wortes, seine Semantik, zu erfassen und Assoziationen zu Worten mit einer gleichen oder ähnlichen Bedeutung herzustellen. Damit sollen die oben erläuterten Probleme gelöst werden.

Bei dem Aufnehmen der Dokumente in die Suchbasis werden zunächst die einzelnen Wörter genommen und verglichen, ob sie im Thesaurus enthalten sind. Sind sie als Synonymbegriff (Nicht-Deskriptor) vorhanden, werden sie durch den Hauptbegriff (Deskriptor) ersetzt. Bei einer Suchanfrage werden die Wörter der Anfrage ebenfalls durch ihren Hauptbegriff ersetzt und so können alle Dokumente zum Thema gefunden werden. Für die Behandlung der semantischen Ähnlichkeiten, die im Thesaurus definiert sind, werden sogenannte Ähnlichkeitsmaße verwendet, diese werden im folgenden Kapitel diskutiert.

## 2.2.3 Taxonomiebasierte Ähnlichkeitsmaße

Im Folgenden wird eine Auswahl semantischer Ähnlichkeitsmaße für Taxonomien vorgestellt. Diese Maße werden verwendet, um zu einer Anfrage, die einem Knoten in der Taxonomie zugeordnet wird, möglichst ähnliche andere Knoten zu finden, die gespeicherten Fällen, also Dokumenten entsprechen.

### 2.2.3.1 Pfadlänge

$$sim_{c_1,c_2} = len(c_1, c_2)$$

mit $\quad sim_{c1,c2}\quad$ Ähnlichkeit der Konzepte $c_1$ und $c_2$

$len(c_1,c_2)$ Länge des kürzesten Pfades zwischen $c_1$ und $c_2$

Formel 3: Pfadlänge

Wenn alle Äste eines Baumes die gleiche Länge haben, dann ist die Anzahl der zwischen zwei Knoten liegenden Kanten ein Maß für die Ähnlichkeit dieser beiden Konzepte. Das Maß, das normalerweise genutzt wird, ist der kürzeste Pfad zwischen ihnen.[13] Da für dieses Konzept aber eine ideale Taxonomie mit gleich langen Ästen Vorraussetzung ist und Taxonomien, die auf der natürlichen Sprache basieren, diese Vorraussetzung nicht erfüllen, ist dieses Ähnlichkeitsmaß für die weitere Betrachtung nicht relevant.

Im Beispiel würde die Pfadlänge zwischen dem Konzept 5162 (Anglikanismus) und 5165 (Protestantismus) 2 betragen, genauso wie zwischen 5165 und 3257 (Religion).

### 2.2.3.2 Normalisierte Pfadlänge

$$sim_{c_1,c_2} = -\log \frac{len(c_1, c_2)}{2 \times D}$$

mit $\quad D \quad$ maximale Tiefe der Taxonomie

Formel 4: Normalisierte Pfadlänge

Eine Abwandlung zu 2.2.3.1 ist die normalisierte Pfadlänge, dabei wird derselbe Wert wie oben berechnet, das Ergebnis aber noch durch die doppelte maximale Tiefe der Taxonomie geteilt und davon der negative Logarithmus genommen.[14] Da der Abstand zweier Konzepte maximal so groß ist wie die doppelte maximale Tiefe, ist der Wert immer größer oder gleich Null. Da dies aber an den Vorraussetzungen nichts ändert, ist auch dieses Maß nur für ausgeglichene Taxonomien relevant.

---

[13] Vgl. [Rada1989], zitiert nach [McHale1998], Kapitel 1.1.1, S. 115
[14] Vgl. [Chodorow1998]

Nehmen wir eine Tiefe von 4 an, wobei die Wurzel auf der Ebene 0 liegt, dann ergibt sich für eine Pfadlänge von 2 ein Ähnlichkeitswert von 0,30, also eine Ähnlichkeit von 30%.

### 2.2.3.3 Dichte des Zweigs

Das Benutzen der Dichte basiert auf der Beobachtung, dass Wörter, die sich in einem dichter „besiedelten" Teil der Hierarchie befinden, ähnlicher sind, als Wörter in spärlich „besiedelten" Teilen.[15] Damit die Dichte ein sinnvolles Maß darstellt, muss die Hierarchie nahezu komplett sein oder sie muss die Verteilung der Wörter in der natürlichen Sprache widerspiegeln.

Wenn ein Thesaurus einen Zweig, zum Beispiel zu Schiffen, besitzt, der viel mehr Worte als ein anderer Zweig, zum Beispiel für Blautöne, aufweist, hat der erste Zweig zwar eine höhere Dichte, aber mehr Vergleiche sind nicht wirklich möglich. Nach dieser Theorie wären sich „Kajak" und „Schlepper" wesentlich ähnlicher als „himmelblau" und „türkis". Es wird schnell klar, das dieser Vergleich nicht sinnvoll ist, ebenso wenig wie die Aussage, dass „Kajak ähnlicher zu Schiff ist" als „türkis zu Blautönen".[16]

### 2.2.3.4 Extended gloss overlaps measure

$$sim_{c_1,c_2} = \sum score(R_1(c_2), R_2(c_2))$$

mit    R    Menge der semantischen Relationen des betrachteten Konzepts

        score  Funktion zur Berechnung der Überlappung zwischen zwei Konzeptdefinitionen

Formel 5: Extended gloss overlaps measure

„Gloss" steht hier für Fußnote oder Beschreibung des Konzepts, also für seine Definition im Thesaurus. Das Maß zählt die Wörter, die in den Definitionen beider Konzepte identisch sind, also ihre Überlappung. Das Ganze wird außerdem auf diejenigen Konzepte erweitert, die Relationen zu den betrachteten Konzepten, deren Ähnlichkeit

---

[15] Vgl. [Agirre1996], zitiert nach [McHale1998], Kapitel 1.1.2, S. 116
[16] Vgl. [McHale1998], Kapitel 1.1.2, S. 119

ermittelt werden soll, besitzen.[17] Dieses Ähnlichkeitsmaß scheint sehr interessant für vorgefertigte Thesauri, die umfangreiche Definitionen enthalten, zu sein.

### 2.2.3.5 Maß basierend auf Informationsgehaltswert des Konzepts

$$sim_{c_1, c_2} = -\log p(lca_{c_1, c_2})$$

mit    lca    „tiefste gemeinsame Vorgänger" (engl. „lowest common ancestor")

        p(c)    relative Wahrscheinlichkeit des Konzepts c

        -log p(c)    der negative Logarithmus der Wahrscheinlichkeit (= Informationsgehalt)

Formel 6: Ähnlichkeitsmaß basierend auf Informationsgehalt

Bei diesem Maß wird die Ähnlichkeit zweier Konzepte durch den Informationsgehaltes des Konzepts, das beide in der Taxonomie zusammenfasst, also den „tiefsten gemeinsamen Vorgänger" (engl. „lowest common ancestor", LCA), bestimmt. Der Informationsgehalt eines Konzepts basiert auf der Wahrscheinlichkeit mit der eine Instanz des Konzepts vorkommt. Als Wahrscheinlichkeit wird die relative Häufigkeit des Vorkommens jedes Konzepts in einem Textkorpus[18] hergenommen. Aus der Formel folgt, dass häufig vorkommende Wörter einen niedrigeren Informationsgehalt besitzen als selten vorkommende.[19]

### 2.2.3.6 Maß basierend auf knoten- und kantenbasierten Techniken

$$dist_{c_1, c_2} = IC_{(c_1)} + IC_{(c_2)} - 2 \times IC(lca(c_1, c_2))$$

mit    $dist_{c1, c2}$    semantische Distanz des Konzepts, steht hier für die Ähnlichkeit

        IC    Informationsgehalt des Konzepts $IC_{(c)} = -\log p(c)$

Formel 7: Ähnlichkeitsmaß basierend auf Knoten und Kanten

---

[17] Vgl. [Banerjee2003]

[18] Ein Korpus ist eine Sammlung von sprachlichen Äußerungen zur wissenschaftlichen Analyse. In diesem Fall wurde das Brown Corpus verwendet, das an der Brown University gesammelt und 1964 veröffentlicht wurde. Es enthält fünfhundert, 1961 erschienene Texte in fünfzehn Kategorien mit zusammen etwa einer Million Wörtern der englischen Sprache. Es war das erste allgemeine und computerlesbare Korpus.

[19] Vgl. [Resnik1995]

Auch dieses Ähnlichkeitsmaß benutzt den Informationsgehalt eines Konzepts, um daraus die Ähnlichkeit zu berechnen, allerdings wird hier zusätzlich die Pfadlänge, die lokale Dichte, die Tiefe des Knotens in der Taxonomie und der Typ der Relation mit einbezogen. Die Originalformel wird über zwei Parameter Alpha und Beta optimiert, die den Grad bestimmen, inwieweit die Tiefe des Knotens und der Dichte-Faktor zu dem Kantengewichtsfaktor beitragen. Mit Alpha = 0 und Beta = 1 erhält man obige Formel. [20]

In Abbildung 5 ist ein Beispiel für die Wörter „number" und „limit" abgebildet, die über das Konzept „magnitude" verbunden sind. Der Informationsgehalt aller Konzepte ist bekannt; über die Formal ergibt sich ein Ähnlichkeitswert von 9,67.

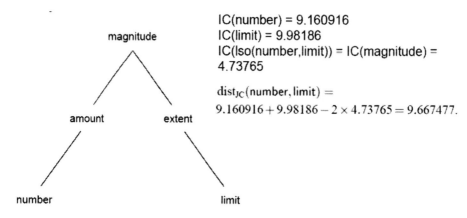

IC(number) = 9.160916
IC(limit) = 9.98186
IC(lso(number,limit)) = IC(magnitude) = 4.73765

$$\text{dist}_{JC}(\text{number}, \text{limit}) = 9.160916 + 9.98186 - 2 \times 4.73765 = 9.667477.$$

Abbildung 5: Beispiel für Maß basierend auf knoten- und kantenbasierten Techniken[21]

### 2.2.3.7 Maß abgeleitet aus der Informationstheorie

$$sim_{c_1,c_2} = \frac{2 \times \log p(lca(c_1, c_2))}{\log p(c_1) + \log p(c_2)}$$

Formel 8: Ähnlichkeitsmaß abgeleitet aus der Informationstheorie

Dieses Ähnlichkeitsmaß basiert auf der Idee, dass die Ähnlichkeit zwischen zwei Konzepten A und B durch das Verhältnis zwischen dem Maß der Information, die

---

[20] Vgl. [Jiang1997]
[21] [Jiang1997]

benötigt wird, um die Kommunalität (Gemeinsamkeit) von A und B zu bestimmen und der Information, die benötigt wird, um A und B vollständig zu beschreiben, berechnet werden kann. Der Informationsgehalt eines Konzepts wird wieder ähnlich wie oben berechnet.[22]

### 2.2.3.8 Vergleich

Bei der Vielzahl der Ähnlichkeitsmaße stellt sich die Frage, welche am besten für einen speziellen Anwendungsfall geeignet ist. Eine Möglichkeit dies herauszufinden ist der Vergleich der Methoden mit einem eingeschränkten Testfeld. Eine Auswahl von Begriffen wird dabei zuerst von einer Gruppe von Menschen auf Synonymität verglichen und auf einer Skala eingeordnet (z. B. 0 = komplett unterschiedlich, 4= perfektes Synonym). Danach werden die Algorithmen angewandt und die Werte verglichen.[23]

Da in der Software e:IAS allerdings nur zwei eigenentwickelte Ähnlichkeitsmaße des Unternehmens Empolis enthalten sind (siehe 4.2.1, Seite 53) ist eine Untersuchung der Eignung der oben vorgestellten Ähnlichkeitsmaße nicht notwendig.

### 2.2.4 RDF-basierte Thesaurusrepräsentation: SKOS

SKOS steht für „Simple Knowledge Organisation System" und bedeutet frei übersetzt „einfaches System zur Organisation von Wissen". SKOS dient der Darstellung von beliebigen Typen strukturierter kontrollierter Vokabulare, insbesondere von Thesauri und Taxonomien. Es ist noch kein fertiger Standard, sondern wird gerade von einer Gruppe des World Wide Web Consortiums (W3C) entwickelt und liegt seit November 2005 als Arbeitsentwurf[24] vor. Trotzdem gibt es bereits Thesauri in der SKOS Notation und Programme, die diese Notation darstellen und verarbeiten können.

SKOS basiert auf RDF (Resource Description Framework), einer formalen Sprache zur Beschreibung von Metadaten. Die Idee dahinter besagt, Ressourcen über eindeutige URIs[25] anzusprechen. So kann die Funktionalität von RDF auch über das

---

[22] Vgl. [Lin1998]
[23] Vgl. [McHale1998], Kapitel 2, S. 117 ff
[24] [Miles2005]
[25] URI heißt Uniform Resource Identifier, also „eindeutiger Bezeichner für Ressourcen". URIs sind in der Form <Schema>:<Schema-spezifischer Teil> aufgebaut, ein Beispiel sind die Adressen von Webseiten, z.B. http://www.trumpkin.de /

Einbinden neuer Definitionen, die unter solch einer URI bereitgestellt sind, beliebig erweitert werden – solch eine Erweiterung ist SKOS.

Das RDF-Modell besteht aus den drei Objekttypen: Ressource, Eigenschaftselement und Objekt, die zusammen ein sogenanntes RDF-Tripel bilden. Man spricht auch von Subjekt, Prädikat und Objekt die zusammen ein Statement darstellen. Das Standardbeispiel dafür ist die Aussage „Der Titel der Webseite des W3C ist ‚World Wide Web Consortium'". Dabei ist der Ressourcenbezeichner, bzw. das Subjekt, noch nicht eindeutig, nehmen wir also statt „Webseite des W3C" die URI http://www.w3c.org. Dann ist die Aussage „http://www.w3c.org hat den Titel ‚World Wide Web Consortium'". Das Eigenschaftselement (Prädikat) stellt die Beziehung zwischen Ressource und Objekt her und beschreibt diese, in unserem Beispiel als „hat den Titel". Das Objekt beschreibt den Wert der Ressource, in dem Beispiel „World Wide Web Consortium". Ein Objekt kann entweder ein Literal oder eine Ressource oder auch eine leere Ressource sein. Als Graph schaut das Ganze dann wie in Abbildung 6 aus. Hier wurde außerdem noch das Prädikat durch die eindeutig definierte Titel-Relation der RDF-Erweiterung Dublin Core[26] ersetzt. Für mehr Informationen zu RDF sei auf die Webseite der „RDF Core Working Group"[27] verwiesen.

Abbildung 6: RDF-Graph[28]

In Abbildung 7 wird ein Auszug aus dem „UK Archival Thesaurus" (UKAT) dargestellt und in Abbildung 8 die dazugehörige grafische Darstellung eines RDF-Graphen, der das SKOS-Vokabular benutzt. Dabei steht jeder ausgefüllte Kreis für ein Konzept des Thesaurus. Im Folgenden werden die wichtigsten Eigenschaften von SKOS erläutert, soweit sie für Thesauri relevant sind.

---

[26] Dublin Core Metadaten Initiative: http://dublincore.org/

[27] http://www.w3.org/RDF/

[28] Quelle: W3C-RDF-Validator http://www.w3.org/RDF/Validator/

```
Term: Economic cooperation
Used For:
    Economic co-operation
Broader terms:
    Economic policy
Narrower terms:
    Economic integration
    European economic cooperation
    European industrial cooperation
    Industrial cooperation
Related terms:
    Interdependence
Scope Note:
Includes cooperative measures in banking, trade, industry etc., between and
among countries.
```

Abbildung 7: Beispiel aus dem UK Archival Thesaurus (UKAT)[29]

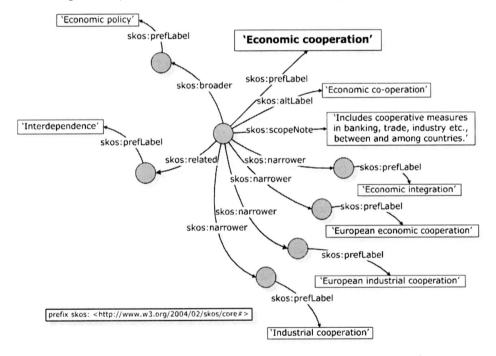

Abbildung 8: Darstellung der SKOS Relationen[30]

---

[29] Quelle: [MILES2005]
[30] ebenda

Mit der „skos:Concept" Klasse wird festgelegt, dass eine Ressource ein Konzept ist (siehe Abbildung 9 und Abbildung 10).

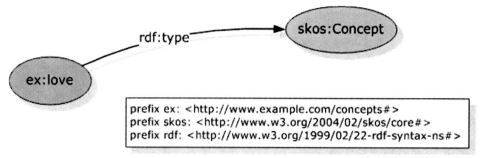

Abbildung 9: Darstellung von „skos:Conzept"[31]

```
<rdf:RDF
    xmlns:rdf="http://www.w3.org/1999/02/22-rdf-syntax-ns#"
    xmlns:skos="http://www.w3.org/2004/02/skos/core#">
    <skos:Concept rdf:about="http://www.example.com/concepts#love"/>
</rdf:RDF>
```

Abbildung 10: RDF-Beispiel zu „skos:Concept"[32]

Mit skos:prefLabel wird der Deskriptor, also die bevorzugte Bezeichnung, festgelegt und mit skos:altLabel alternative Bezeichnungen, darunter fallen Synonyme und andere Äquivalenzrelationen. Hier können auch mehrsprachige Bezeichnungen untergebracht werden, dabei wird die Bezeichnung des Objekts in Apostrophzeichen eingeschlossen und ein At-Zeichen, gefolgt von der Sprachbezeichnung, angehängt. Diese Sprachenkennzeichnung ist optional und kann auch bei anderen SKOS-Elementen angefügt werden (siehe Abbildung 11 und Abbildung 12).

---

[31] ebenda
[32] ebenda

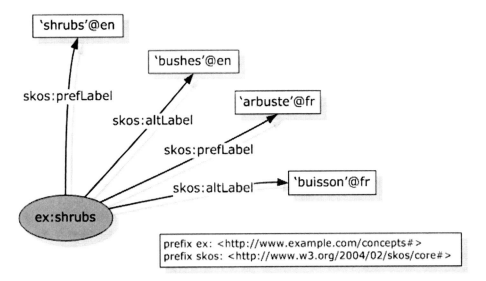

Abbildung 11: Graph zu prefLabel, altLabel und Sprachkennzeichnung[33]

```
<rdf:RDF
    xmlns:rdf=http://www.w3.org/1999/02/22-rdf-syntax-ns#
    xmlns:skos="http://www.w3.org/2004/02/skos/core#">

    <skos:Concept rdf:about="http://www.example.com/concepts#shrubs">
        <skos:prefLabel xml:lang="en">shrubs</skos:prefLabel>
        <skos:altLabel xml:lang="en">bushes</skos:altLabel>
        <skos:prefLabel xml:lang="fr">arbuste</skos:prefLabel>
        <skos:altLabel xml:lang="fr">buisson</skos:altLabel>
    </skos:Concept>

</rdf:RDF>
```

Abbildung 12: RDF-Syntax zu prefLabel, altLabel und Sprachkennzeichnung[34]

Mittels „skos:note" kann man allgemeine Hinweise und Dokumentationen einfügen, die davon abgeleiteten Prädikate „skos:definition" und „skos:scopeNote" werden zum einen für komplette Beschreibungen des beabsichtigten Begriffsinhaltes und zum anderen für eine kurze Abgrenzung des Anwendungsbereichs des Konzepts verwendet.

Auch „skos:changeNote" ist von „skos:note" abgeleitet, es wird benutzt, um für administrative Zwecke detailliert Änderungen am Konzept zu dokumentieren. In Abbildung 13 wird dieses Prädikat gleichzeitig mit der möglichen Verwendung von anderen RDF-Erweiterungen gezeigt. Dabei ist „rdf:value" eine Erläuterung der Änderung, „dc:date" der Zeitpunkt der Änderung und „dc:creator" verweist auf die Person, die die Änderung durchgeführt hat.

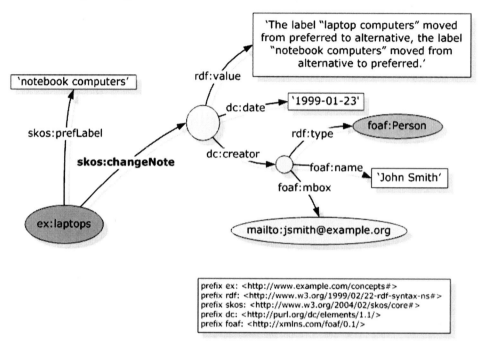

Abbildung 13: „skos-changeNote" mit Verzweigung[35]

Die wichtigsten Beziehungen in einem Thesaurus sind die semantischen. In „skos:semanticRelation" wird festgelegt, dass Subjekt und Objekt jeweils Ressourcen des Typs „skos:Concept" sind. Davon abgeleitet werden „skos:broader" und „skos:narrower", die die Beziehung Ober- bzw. Unterbegriff repräsentieren. Sie sind zueinander invers und jeweils transitiv (siehe Abbildung 14 und Abbildung 15).

Die Assoziationsbeziehung wird über „skos:related", das ebenfalls von „skos:semanticRelation" abgeleitet ist, abgebildet, sie ist symmetrisch.

---

[33] ebenda

[34] ebenda

[35] ebenda

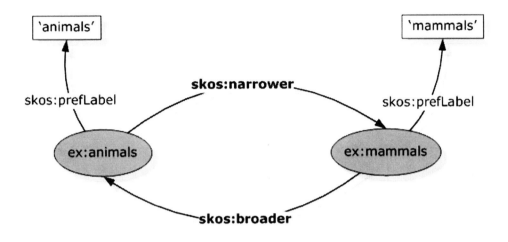

Abbildung 14: Ober- und Unterbegriffe mit SKOS[36]

```
<rdf:RDF
    xmlns:rdf=http://www.w3.org/1999/02/22-rdf-syntax-ns#
    xmlns:skos="http://www.w3.org/2004/02/skos/core#">

    <skos:Concept rdf:about="http://www.example.com/concepts#mammals">
        <skos:prefLabel>mammals</skos:prefLabel>
        <skos:broader rdf:resource="http://www.example.com/concepts#animals"/>
    </skos:Concept>

    <skos:Concept rdf:about="http://www.example.com/concepts#animals">
        <skos:prefLabel>animals</skos:prefLabel>
        <skos:narrower rdf:resource="http://www.example.com/concepts#mammals"/>
    </skos:Concept>

</rdf:RDF>
```

Abbildung 15: RDF-Repräsentation der Ober- und Unterbegriffe[37]

---

[36] ebenda

[37] ebenda

## 2.3 Barrierefreiheit von Webanwendungen

Barrierefreies Webdesign ist die Kunst Webanwendungen so zu gestalten, dass jeder sie nutzen und lesen kann - insbesondere auch Menschen mit Behinderungen.

Für Sehbehinderte erweisen sich vor allem Nicht-Text-Elemente, wie grafisch dargestellter Text, Bilder, animierte GIFs, grafische Menüs oder Buttons als problematisch, da sie über Programme, die die Webseite vorlesen (Screenreader) oder Braille-Displays, die den Text in Blindenschrift darstellen, nicht angezeigt werden können. Jemand, der nur farbenblind ist (also etwa jeder zehnte Mann), hat Probleme mit Anweisungen wie „Klicken Sie auf den grünen Button". Und wenn nur Schwarz-Weiß-Displays vorhanden sind, lässt sich eine Webseite die einen hohen Kontrast besitzt, besser darstellen.[38] Mit einer motorischen Behinderung ist es schwierig konventionelle Eingabegeräte wie Tastatur oder Maus zu benutzen, stattdessen werden spezielle Eingabegeräte zum Navigieren auf der Webseite eingesetzt. Damit diese funktionieren, muss die Seite ohne Maus bedienbar sein. Für Hörgeschädigte ist hingegen jede Art von Ton oder Sprache ein Hindernis, auch hier ist die Umsetzung der Medien in Texte notwendig. Bei Menschen mit einer geistigen Behinderung ist die Möglichkeit zum Navigieren in Webseiten stark von der Art und Schwere ihrer Behinderung abhängig, wahrscheinlich wird es also nicht immer möglich sein eine Seite so zu gestalten, dass sie für wirklich jeden Menschen zugänglich ist. Dennoch gibt es auch hier ein paar Grundregeln, die man beachten sollte. Navigation und Layout sollten möglichst klar und einfach gehalten sein, Texte sollten prägnant und in einer leicht verständlichen Sprache verfasst werden und Skizzen und Illustrationen die Sachverhalte erläutern und zum Verständnis beitragen, sollten eingesetzt werden.

Wenn man die eben angesprochenen Punkte bei der Gestaltung von Webseiten beachtet, dann ist dies auch für Menschen hilfreich, deren Muttersprache nicht mit der Sprache der Webseite übereinstimmt.[39]

Darüber hinaus ist die Barrierefreiheit, die manchmal auch mit Zugänglichkeit oder Accessibility bezeichnet wird, wichtig für alternative Anzeigegeräte, wie zum Beispiel PDAs oder Handys, die eine besonders kleine Anzeige besitzen.

---

[38] Vgl. [Metzmacher2006]
[39] Vgl. [Cathomen2005]

## 2.3.1 Allgemeine Regelungen

Es gibt von verschiedene Organisationen Normen und Handreichungen um ein Webangebot barrierefrei zu erstellen, bzw. zu prüfen, ob es barrierefrei ist. Eine grundsätzliche Voraussetzung ist der valide[40] Einsatz von HTML[41] und CSS[42]. Diese Validität ist dann gegeben, wenn Seiten unabhängig von einem bestimmten Anzeigegerät sind. Die Spezialisierung auf bekannte Browser und ihre Eigenarten, wie z. B. Internet Explorer, bei der Darstellung von Seiten stellt schon einen Verstoß gegen dieses Prinzip dar, so dass Nutzer von alternativen Programmen, wie z. B. Mozilla Firefox, die Seiten nicht fehlerlos dargestellt bekommen. Die Inhalt sollten unabhängig von dem Layout ausgezeichnet sein, so das im HTML-Dokument nur die logische Formatierung des Inhalts vorgenommen wird und das Layout komplett über CSS gesteuert wird.

Das prominenteste Dokument, das Richtlinien für barrierefreie Webseiten enthält, stellen die „Web Content Accessibility Guidelines[43]„ (WCAG 1.0) dar, die in den späten 90er Jahren des letzen Jahrhunderts entstanden sind und 1999 vom W3C als Recommendation (Empfehlung) verabschiedet wurden.

Jedem Prüfpunkt der WCAG ist eine Priorität zwischen 1 und 3 zugeordnet. Dabei bedeutet 1, dass ein Dokument diesen Punkt erfüllen muss, da sonst eine bestimmte Nutzergruppe nicht auf die Informationen zugreifen kann. 2 bedeutet, dass ein Dokument diesen Punkt erfüllen soll, da es sonst für bestimmte Nutzer schwierig sein kann auf die Information zuzugreifen, 3 bedeutet, dass ein Dokument diesen Punkt erfüllen kann, andernfalls wird es für bestimmte Nutzergruppe „etwas schwierig" auf die Informationen zuzugreifen. Ein Dokument kann nach der Prüfung eine Konformitätsstufe von „A", über „Double-A", bis zu „Tripple-A" erhalten, je nachdem ob es alle Prüfpunkte der Priorität 1, 2 oder 3 erfüllt. Sie enthält 14 Richtlinien mit insgesamt 59 Checkpunkten.[44]

Durch den rasanten Fortschritt der Webtechnologie bedingt, galt die Richtlinie aber bald als veraltet. Zur Zeit wird an einer Aktualisierung der Richtlinie gearbeitet

(WCAG 2.0[45]) die seit 2006 den Status eines „Working Draft" (Arbeitsentwurf) besitzt. Allerdings ist der Entwurf und die ganze Arbeitsgruppe sehr umstritten,[46] manche Autoren reden davon, dass er in „den W3C-Zänkereien zu versinken droht"[47].

Als einzige andere nennenswerte offizielle Spezifikation gibt es noch den sogenannten Abschnitt 508 (Section 508) des Rehabilitation Act, den die Regierung der Vereinigten Staaten 1988 erweitert hat. Allerdings sind die relevanten Regeln der dazugehörenden Ausführungsverordnung[48] auch an die WCAG angelehnt[49]. Dieses Regelwerke für die Informationsangebote aller Bundesbehörden wurde außerdem auch in deren Beschaffungsvorgaben aufgenommen und muss von allen Firmen erfüllt werden, die an die Regierung der USA Waren oder Dienstleistungen verkaufen. Das Regelwerk umfasst 16 Abschnitte mit insgesamt 34 Prüfpunkten.

Aus diesem Grund sind andere Richtlinien entstanden, die sich mehr an der Praxis orientieren. Im deutschsprachigen Raum sind das vor allem die Kriterien des BIENE-Awards[50,51]. Dieser Award wird seit 2003 für vorbildlich barrierefreie deutschsprachige Webseiten vergeben.

Bei den Kriterien (siehe Anhang 1) gibt es zunächst Grundvoraussetzungen, dann Prüfpunkte zu Lesbarkeit und inhaltlicher Erschließung, zu variabler Präsentation (dass Bildern und ähnlichem eine textuelle Repräsentation zugeordnet ist), zu Navigation, zum Aufbau des Internetangebots, zu Kompatibilität, zu Formularverarbeitung, zu komplexen Transaktionen, zu Datenschutz, zu Werbung, zu Downloads, zu umfangreichen Datentabellen, zu komplexen Dokumenten, zu Multimedia und Spielen, zu Gebärdensprache-Filmen und zu leichter Sprache. Es sind 87 Kriterien ent-

---

[40] W3C Validierungsdienst für HTML (und andere Markup-Sprachen): http://validator.w3.org/ und CSS: http://jigsaw.w3.org/css-validator/

[41] Die Hypertext Markup Language ist eine Seitenbeschreibungssprache. Siehe Homepage der W3C HTML Working Group mit den HTML-Standards: http://www.w3.org/html/

[42] Cascading Style Sheets ist eine Formatierungssprache für strukturierte Dokumente. Siehe Homepage der W3C CSS Working Group mit den CSS-Standards: http://www.w3.org/Style/CSS/

[43] vgl. [Chisholm1999] bzw. [Chisholm1999de]

[44] ebenda

[45] [Caldwell2006]

[46] Vgl. [Clark2006] bzw. [Clark2006de]

[47] [Braun2007]

[48] Siehe [Section508]

[49] Vgl. [Section508], § 1194.22

[50] Abkürzung: Barrierefreies Internet Eröffnet Neue Einsichten: http://www.biene-award.de/

[51] BIENE-Award Kriterien: http://www.biene-award.de/award/kriterien/

halten, die jeweils in eine unterschiedliche Anzahl von Einzelpunkten unterteilt sind, so dass insgesamt 235 Prüfpunkte enthalten sind.[52]

### 2.3.2 Rechtliche Regelungen

Im April 2002 trat auf Bundesebene das „Gesetz zur Gleichstellung behinderter Menschen"[53] (BGG) mit dem Ziel in Kraft, „die Benachteiligung von behinderten Menschen zu beseitigen und zu verhindern sowie die gleichberechtigte Teilhabe von behinderten Menschen am Leben in der Gesellschaft zu gewährleisten und ihnen eine selbstbestimmte Lebensführung zu ermöglichen"[54]. Dazu wurde auch die „Verordnung zur Schaffung barrierefreier Informationstechnik nach dem Behindertengleichstellungsgesetz"[55] (BITV) erlassen. Die BITV enthält in einer Anlage eine nach zwei Prioritäten gegliederte Liste mit Anforderungen und Bedingungen zur Realisierung der Verordnung, die auf die W3C-Empfehlung WCAG 1.0 zurückgehen. Die Regelungen des BGG und damit auch die der BITV gelten nur für die Dienststellen des Bundes und sollten dort bis zum Jahre 2005 umgesetzt werden.

In Bayern trat im August 2003 das Bayerisches Behindertengleichstellungsgesetz (BayBGG) in Kraft. Darin wird geregelt, dass unter anderem die öffentliche Stellen und die Gemeinden des Freistaates Bayern ihre „Internet- und Intranetauftritte ... schrittweise technisch so (gestalten sollen; Anm. d. Verf.), dass sie von behinderten Menschen grundsätzlich uneingeschränkt genutzt werden können"[56]. Dazu wurde die „Bayerische Barrierefreie Informationstechnik-Verordnung"[57] (BayBITV) erlassen. In ihr ist festgelegt, dass Webseiten so zu gestalten sind, dass sie die in der BITV unter Priorität I aufgeführten Anforderungen erfüllen und, dass zentrale Navigations- und Einstiegsangebote zusätzlich die unter Priorität II aufgeführten Anforderungen berücksichtigen[58]. Allerdings ist die Umsetzung nur für staatliche Stellen bis 2012 vorgeschrieben, Kommunen wird die Umsetzung lediglich empfohlen. Die Stadt Nürnberg versucht seit 2005 ihre Informationsangebote möglichst barrierefrei zu gestalten.

---

[52] Für ausführliche Literatur zu dem Thema sei auf [Clark2003] und [Pilgrim2002] verwiesen. Eine kurze Zusammenstellung von Heuristiken bietet [Meiert2004].

[53] [BGG2002]

[54] [BGG2002], § 1

[55] [BITV2002]

[56] [BayBGG2003], Artikel 13, Absatz 1

[57] [BayBITV2006]

[58] [BayBITV2006], §2

Da die Empfehlungen der WCAG 1.0 und damit die der BITV veraltet sind, und sie für Kommunen nur eine Empfehlung darstellen, werden in dem späteren Kapitel zur Barrierefreiheit im Wesentlichen die BIENE-Kriterien berücksichtigt.

# 3    Suchlösung der Stadt Nürnberg – der Ist-Stand

Das Internetportal der Stadt Nürnberg besteht aus einem Hauptportal[59], das in vier Bereiche gegliedert ist und aus ca. 150 einzelnen Seiten besteht. Die Bereiche richten sich jeweils an eine bestimmte Interessensgruppe: „Stadt und Bürger" für Bürger der Stadt, die Dienstleistungen der Ämter in Anspruch nehmen wollen. „Reiseziel Nürnberg" bietet touristische Informationen zu Sehenswürdigkeiten, Übernachtungsmöglichkeiten und zur Anreise. „Kultur und Freizeit" listet Angebote zu Kultur, Ausflugsziele, Gastronomie, Sport und Shopping auf und „Wirtschaft und Innovation" bietet Informationen zu Wirtschaft, Arbeitsmarkt, Verkehr und Hochschullandschaft. Die einzelnen Seiten des Portals bestehen meistens aus erläuternden Texten und Links zu den spezifischen Seiten außerhalb des Hauptportals. Daneben existieren sehr viele Einzelauftritte[60] von Dienststellen, Referaten und für spezielle Veranstaltungen, die vom Online-Büro der Stadt Nürnberg administriert werden.

Das Portal ist mit der Content-Management-Software (CMS) Imperia[61] der Imperia AG realisiert. Ein Teil der Einzelauftritte sind sogenannte Miniwebs, diese werden ebenfalls über Imperia gepflegt. Daneben werden vor allem ältere Einzelauftritte und Angebote über ganz verschiedene Schnittstellen und Programme gepflegt. Diese sollen nach und nach in Miniwebs umgewandelt werden. Darüber hinaus gibt es noch externe Webseiten, die für die Besucher des Internetportals der Stadt Nürnberg von Interesse sind, ein Beispiel ist die Seite des „Airport Nürnberg".

In einer vorhergehenden Diplomarbeit wurde die Suche in den Internetseiten, die bis vor kurzem über einen externen Dienstleister (Abacho) durchgeführt wurde, auf ein intern verwaltetes System (e:IAS) umgestellt, das jedoch erst im April 2007 komplett freigeschaltet wurde. Diese Diplomarbeit befasst sich vor allem mit Verbesserungen an dem neuen System.

---

[59] http://www.nuernberg.de
[60] In der aktuellen e:IAS Suche sind 116 einzelne Domains aufgelistet (April 2007)
[61] http://www.imperia.net/

## 3.1 Abacho

Bis zum 31. März 2007 wurden für Suchanfragen das Produkt „ABACHO site-Search"[62] der ABACHO AG verwendet, einzelne Suchfunktionen, die nur Teile des Webportals umfassten, wurden schon ab Dezember 2006 zu e:IAS migriert und frei-geschaltet. „ABACHO siteSearch" ist kostenpflichtig; die Stadt Nürnberg musste für die Nutzung monatliche Lizenzgebühren zahlen.

SiteSearch wird über eine Weboberfläche administriert. Hier kann man die URLs festlegen, die der Spider durchsuchen soll, verschiedene HTML-Templates einrich-ten, die das Aussehen der Ergebnisseiten festlegen sowie statistische Auswertun-gen[63] ansehen.

Bei der Abacho-Suche waren 147 „Start URLs" definiert, teilweise waren sie doppelt angelegt oder verschiedene Domains für dieselbe Seiten eingetragen. Für jede URL kann der Zeichensatz der Zielseiten und die Anzahl der zu durchsuchenden Seiten vorgegeben werden. So wurde bei externen Seiten[64] nur die Einstiegsseite durch-sucht. Es können HTML-, TXT-, PDF- und Office-Dateiformate indexiert werden.

Auch eine Synonymwortliste ist bei Abacho vorhanden, die manuell gepflegt werden muss. Hier waren 49 Synonymwortpaare eingetragen, die aus den statistischen Da-ten gewonnen worden waren, indem nach oft gesuchten Begriffen, die wenig Ergeb-nisse geliefert hatten, gefiltert worden war.

Um das Webangebot nur teilweise zu durchsuchen, sind 5 Templates eingerichtet, die jeweils lediglich einzelne Bereiche durchsuchen (Teilsuche), außerdem ist je ein Template für die Gesamtsuche in deutscher und englischer Sprache vorhanden. Allerdings ist nur das Layout in der entsprechenden Sprache gehalten, eine Unter-scheidung der Suchergebnisse nach Sprachen findet nicht statt.

Bei der statistischen Auswertung sind Grafiken und Zahlenwerte zur Verteilung der Anfragen über einzelne Tage und Monate vorhanden, wobei allerdings nicht zwi-schen Anfragen für die Gesamtsuche bzw. Teilsuche unterschieden werden kann.

Für Werbe- oder Informationszwecke ist die Funktion „Sponsored Links" eingerichtet. Hier können zu bestimmten Schlagwörtern Links und Beschreibungen zu externen Seiten angegeben werden. Diese Funktion wurde für 14 Verlinkungen genutzt, teil-

---

[62] http://www.abacho.net/de/produkte/sitesearch.html
[63] Siehe Kapitel 6.1.1, Seite 91, für eine Auswertung des Benutzerverhaltens
[64] Z. B. http://www.gruene-stadtratsfraktion.nuernberg.de/ oder http://www.christkindlesmarkt.de/

weise zahlen Unternehmen für die Platzierung der Links. Für weitere Informationen zur Abacho-Suche sei auf die Diplomarbeit von Marek Ertel[65] verwiesen.

## 3.2 E:IAS

In der vorausgehenden Diplomarbeit wurde eine Suchmaschine auf Basis des Produktes „empolis:Information Access Suite" (e:IAS) der Fa. empolis GmbH realisiert. Im Folgenden wird dargestellt, wie das System aufgebaut ist.

### 3.2.1 Systemaufbau

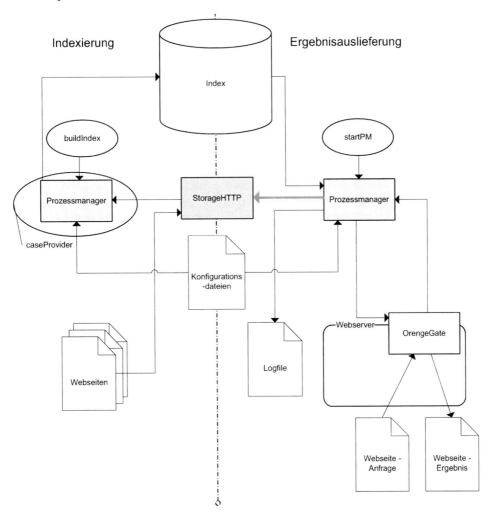

Abbildung 16: Systemaufbau e:IAS

---

In Abbildung 16 erkennt man den grundsätzlichen Systemaufbau von e:IAS, dabei sind die zwei Funktionen Indexierung und Ergebnisauslieferung in einer Grafik dargestellt. Der linke Teil ist für die Indexierung der Internetseiten verantwortlich und der rechte Teil für das Finden und Ausliefern der Suchergebnisse. Wenn auf den Index zugegriffen wird, ist dieser gesperrt, daher kann immer nur ein Teil des Prozesses aktiv sein, also entweder die Indexerstellung oder das Auslesen von Suchergebnissen. Damit Suchanfragen trotzdem immer beantwortet werden können und es nicht zu einer Ausfallzeit bei der Aktualisierung des Indexes kommt, ist das ganze System doppelt vorhanden. Das komplette System ist in der Programmiersprache JAVA implementiert.

In der Abbildung sind die Prozesse als Rechtecke dargestellt, die Ellipsen stehen für Shell-Skripte und die Dokumentensymbole für Dateien.

## 3.2.1.1 Indexierung

Die Indexierung wird über das BuildIndex-Skript angestoßen. Dieses startet das CaseProvider-Skript, das wiederum einen internen Prozessmanager (PM) startet. Dieser Prozessmanager ist das Herzstück der Such- und Indexierfunktion. Beim Indexieren steuert der Prozessmanager das StorageHTTP-Modul, das den eigentlichen Spider darstellt, der die Webseiten besucht und die Daten an den Prozessmanager übergibt, der diese dann im Index abspeichert.

## 3.2.1.2 Ergebnisauslieferung

Über das Skript „StartPM" wird der Prozessmanager gestartet. Um starten zu können muss das Modul StorageHTTP laufen, das aber eigentlich nicht benötigt wird und auch beendet werden könnte, wenn der Prozessmanager läuft. Eine Suchanfrage wird von einem Benutzer an das OrengeGate-Modul geschickt, das über die CGI-Schnittstelle[66] des Webservers angebunden ist. Das Modul schickt die Anfrage an den Prozessmanager, der sie bearbeitet, die Ergebnisse aus dem Index holt und das Ganze zurück an das OrengeGate-Modul schickt. Dieses liefert dann die Ergebnisse als Webseite an den Benutzer zurück.

Die komplette Kommunikation zwischen den Modulen läuft über TCP/IP[67].

---

[66] CGI heißt „Common Gateway Interface" und ist ein Standard für den Datenaustausch zwischen einem Webserver und dritter Software, die Anfragen bearbeitet.

[67] TCP/IP steht für „Transmission Control Protocol / Internet Protocol", ein Standard in der Netzwerktechnik.

## 3.2.2 Konfiguration

Die Konfiguration von e:IAS wird über einen mitgelieferten grafischen Editor ausgeführt, der sich Creator nennt und als Eclipse-Plugin ebenfalls in JAVA implementiert
ist. In Abbildung 17 ist der Pipeline-Editor abgebildet; theoretische ist es auch möglich die XML-Konfigurationsdateien direkt zu editieren.

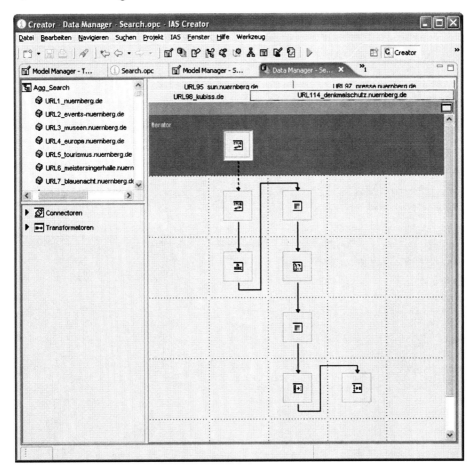

Abbildung 17: Grafischer Editor „Creator"[68]

## 3.2.3 Such- und Indexierungsablauf

Die Software e:IAS benutzt „Fallbasiertes Schließen" (engl. case-based reasoning,
kurz CBR) um Informationen zu finden. Dabei werden die einzelnen Dokumente (z.
B. Webseiten) als Fälle in die Fallbasis, nämlich in den Index, eingefügt. Wenn eine

---

[68] Quelle: e:IAS Creator

Anfrage an das System gestellt wird, wird diese ebenfalls als Fall behandelt und dann versucht einen möglichst ähnlichen Fall aus der Fallbasis als Ergebnis zurückzuliefern. Dabei umfasst das CBR-Modell noch weiter Schritte zur Rückkopplung (dabei geht es speziell um die Frage, ob das gelieferte Ergebnis zum erwarteten Ergebnis gepasst hat), die jedoch von e:IAS nicht verwendet werden.[69,70]

Die wesentlichen Elemente des Datenmodells, das e:IAS benutzt sind Attribute, die Teile des indexierten Dokuments repräsentieren. Diese Attribute besitzen einen bestimmten Datentyp, der entweder atomar oder eine Auflistung (Set) mehrere Daten ist. Jedem Attribut kann ein Gewichtswert zugewiesen werden, der darüber entscheidet, wie stark es in den Vergleich, ob der Fall zur Anfrage passt, einbezogen wird. Eine Sammlung solcher Attribute wird als „Aggregat" zusammengefasst, darüber ist dann eine „Analyse" möglich, also das Zusammenfassen, Verändern und Vergleichen von Attributen. Das Ergebnis dieser Analyse wird dann entweder im Index gespeichert oder als Ergebnis ausgeliefert, je nachdem, ob gerade die Indexierung oder die Ergebnisauslieferung aktiv ist.

Ein Such- bzw. Indexierungsprozess besteht aus sogenannten Pipelines, die wiederum aus einzelnen Prozessschritten, den Pipelets, bestehen.

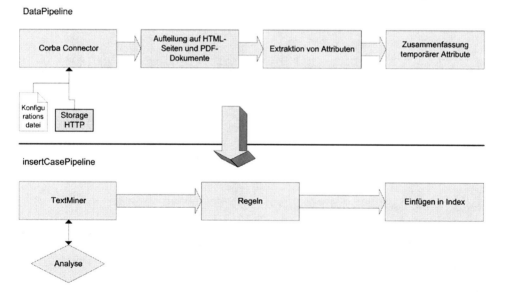

Abbildung 18: DataPipeline und InsertCasePipeline - Einfügen von Fällen in den Index (Insert)

---

[69] Vgl. [Watson1997], Kapitel 2, S. 15 ff

Für das Einfügen von Dokumenten in den Index werden zwei Pipelines nacheinander durchlaufen (siehe Abbildung 18). In der DataPipeline werden die Attribute aus den Dokumenten extrahiert, dort liest der „Corba Connector" die zu empfangenden URLs aus einer Konfigurationsdatei und bekommt dann von dem Spider (dem StorageHTTP-Prozess) die Daten der Webseite. Im Corba Connector werden schon wesentliche Daten, wie etwa ein eindeutiger Bezeichner, in Attributen gespeichert. Danach erfolgt die Aufteilung in HTML- bzw. PDF-Dokumente und die weitere Extraktion von Attributen. Z. B. wird der Titel der Seite anhand des öffnenden und schließenden HTML-Titel-Tags („<title>" und „</title>") erkannt. Bei PDF-Dokumenten wird jede einzelne Seite als eigener Fall behandelt, bei HTML-Dokumenten wird die ganze Datei als ein Fall genommen. Im letzten Schritt werden die temporären Attribute „Titel der Webseite" und „Titel des PDF-Dokuments" zu einem endgültigen Attributswert zusammengefasst. Die InsertCasePipeline übernimmt die Attributswerte, wandelt sie über den Textminer und Regeln um und legt sie dann im Index ab.

Die wesentliche Umwandlung erfolgt durch den Textminer, der die Analyseschritte durchläuft. Diese unterscheiden sich bei Suche und Indexierung nur durch die mit Werten gefüllten Attribute. In Tabelle 6 sind die verwendeten Attribute aufgeführt (Tabelle 5 erläutert dazu die nicht-atomaren Datentypen). Beim Indexieren werde die Attributswerte 2 bis 12 von der DataPipeline gesetzt und die Nummern 13 bis 20 (bis auf 15) in der Analyse benutzt. Dort werden die übergebenen Texte in einzelne Wörter aufgeteilt, sogenannte Stoppwörter[71] herausgefiltert und als Liste in den Volltextattributen 16 bis 20 gespeichert. Der Dateibezeichner (Attribut 2) wird über reguläre Ausdrücke auf Dateiname und Dateierweiterung aufgespaltet.

---

[70] Für mehr Informationen zu CBR siehe [Kolodner1993]
[71] Stoppwörter sind Wörter, die so häufig vorkommen, dass sie für den Sinn eines Textes nicht relevant sind und deswegen nicht beachtet werden müssen.

| Datentyp | Atomarer Datentyp | Erläuterung |
|---|---|---|
| SetOfTxt_Fulltext2 | Text | Volltextähnlichkeitsmaß: „Elemente der Anfrage müssen in Fall enthalten sein" |
| SetOfTxt_Fulltext | Text | Volltextähnlichkeitsmaß: TF/IDF |
| SetOfTxt_NoFulltext | Text | Ähnlichkeitsmaß System |
| Txt_Synonyme | Text | Enthält eine Auflistung von Konzepten und dazu passenden Synonymen |
| Txt_Filename | Text | Regulärer Ausdruck für Dateinamen |
| TxT_FileType | Text | Regulärer Ausdruck für Dateierweiterung |

Tabelle 5: Datentypen der Attribute

| # | Bezeichner | Datentyp | Gewicht | Erläuterung |
|---|---|---|---|---|
| 1. | Att_Text_In | Text | - | Enthält die Anfrage (beim Retrieval) |
| 2. | Att_FileIdentifier_ID | Text | - | Die URL der Seite |
| 3. | Att_FileSize | Integer | - | Dateigröße |
| 4. | Att_Pdf_Content | Text | - | Inhalt eines PDF-Dokuments |
| 5. | Att_Pdf_Page | Integer | - | Nummer der Seite innerhalb des PDF-Dokumentes |
| 6. | Att_Pdf_Title | Text | - | Titel des Pdf-Dokuments |
| 7. | Att_Web_Content | Text | - | Inhalt eines HTML-Dokuments |
| 8. | Att_Web_Description | Text | - | Beschreibung der Webseite |
| 9. | Att_Web_Keywords | Text | - | Schlagwörter der Webseite |
| 10. | Att_Web_Title | Text | - | Titel der Webseite |
| 11. | Att_All_Title | Text | - | Zusammengefasst aus 6 und 10 |
| 12. | Att_MimeType | Text | - | Mime-Type des Dokuments (text/html oder binary/pdf) |
| 13. | Att_FileName | Txt_-Filename | - | Dateiname, wird über regulären Ausdruck herausgefiltert |
| 14. | Att_FileType | TxT_-FileType | - | Dateierweiterung, wird über regulären Ausdruck gefiltert |
| 15. | Att_Synonyme | Txt_-Synonyme | - | Synonyme |
| 16. | Att_Description_-Fulltext | SetOfTxt-_Fulltext | 4 | Enthält die Wörter der Beschreibung |
| 17. | Att_Keywords_-Fulltext | SetOfTxt-_NoFulltext | 4 | Enthält die Wörter der Schlagworte |
| 18. | Att_Content_Fulltext | SetOfTxt-_Fulltext | 7,5 | Enthält die Wörter des Inhaltsbereichs |

| # | Bezeichner | Datentyp | Gewicht | Erläuterung |
|---|---|---|---|---|
| 19. | Att_Title_Fulltext | SetOfTxt-_Fulltext | 8,5 | Enthält die Wörter des Titels |
| 20. | Att_FileName_-Fulltext | Se-tOfTxt_-Fulltext2 | 1 | Enthält Dateinamen und Da-teierweiterung |

Tabelle 6: Attribute

In Abbildung 19 ist der Indexauszug für eine HTML-Datei zu sehen, die im wesentlichen aus dem Titel „Test2", dem Dateibezeichner „http://empolis.trumpkin.de/test2.html" und dem Text „Einem alten Dummkopf geht's hart ein"[72] besteht. In den Tags kann man die Namen der Attribute erkennen, dabei werden nur die Attribute gespeichert, die auch im Dokument vorkommen. Bei Att_Content_Fulltext sieht man, wie die Wörter als Set aufgelistet werden; „ein" ist nicht mit aufgeführt, da es sich dabei um ein Stoppwort handelt. Der Titel wird zum einen in Att_Title_Fulltext in normalisierter Form als Set gespeichert, um damit das Ergebnis-Retrieval durchzuführen, und zum anderen in Att_All_Title in der originalen Schreibweise, um ihn auf der Ergebnisseite auszugeben.

```
<Agg class="Agg_Search.V1" id="10">

  <AV n="orengeSystemID"
    v="[IntranetURL][6]**Att_FileIdentifier_ID*=http://empolis.trumpkin.de
    /test2.html*=****http://empolis.trumpkin.de/test2.html****-**"/>

  <AV n="Att_FileIdentifier_ID" v="http://empolis.trumpkin.de/test2.html"/>

  <AV n="Att_FileSize" v="0"/>

  <AV n="Att_FileName" v="test2.html"/>

  <A n="Att_FileName_Fulltext">
    <Set class="SetOfTxt_File.V1">
      <Ato class="Txt_FileType.V1" v="test2"/>
      <Ato class="Txt_FileType.V1" v="html"/>
    </Set>
  </A>

  <AV n="Att_FileType" v="html"/>

  <A n="Att_Content_Fulltext">
    <Set class="SetOfTxt_Fulltext.V1">
      <Ato class="Text.V1" v="einem"/>
      <Ato class="Text.V1" v="alten"/>
      <Ato class="Text.V1" v="dummkopf"/>
      <Ato class="Text.V1" v="gehts"/>
      <Ato class="Text.V1" v="hart"/>
```

---

[72] Eine Eselsbrücke um sich die Abfolge der Seiten bei einer Gitarre zu merken.

```
    </Set>
  </A>

  <A n="Att_Title_Fulltext">
    <Set class="SetOfTxt_Fulltext.V1">
      <Ato class="Text.V1" v="test2"/>
    </Set>
  </A>

  <AV n="Att_MimeType" v="text/html"/>

  <AV n="Att_All_Title" v="Test2   "/>
</Agg>
```

Abbildung 19: Auszug aus dem Index

Bei der Suche (siehe Abbildung 20) enthält das Attribut Nummer 1 (Att_Text_In) die Suchanfrage und die Nummern 13 bis 20 werden in der Analyse benutzt. Die Nummern 16 bis 20 bestimmen durch ihren Gewichtswert, ob und an welchem Platz ein Dokument in der Ergebnismenge erscheint und sind ausschlaggebend für das Retrieval.

Zuerst werden, wenn für die eingegebenen Ausdrücke Synonyme hinterlegt sind, über Att_Synonyme (Nummer 15) Wörter auf die hinterlegten Synonym-Konzepte abgebildet und danach sie danach in die gewichteten Attribute geschrieben. Regeln können noch Änderungen an diesen Attributen vornehmen. Im Retrieval-Schritt vergleicht das System die Attribute der Suchanfragen mit den im Index gespeicherten und die Ähnlichkeit (Relevanz) wird berechnet. Vor der Ausgabe werden noch die Suchbegriff in der hervorgehoben sowie Daten in eine Logdatei für spätere Auswertungen geschrieben.

SuchPipeline

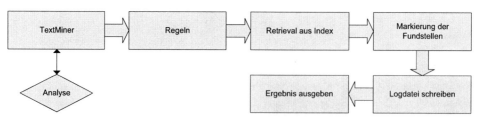

Abbildung 20: SuchPipeline - Passende Dokumente zu Anfragen finden (Retrieval)

Stemming[73] ist in diesem Modell nicht aktiviert, eine Rechtschreibprüfung wird nur für die Suchanfrage (Att_Text_In) durchgeführt, dabei werden unbekannte Wörter der Anfrage mit einer Liste unbekannter Wörter, die beim Indexieren erstellt wird, verglichen.

Die Relevanz, also die Ähnlichkeit der Suchanfrage zu einem gefundenen Fall, wird zuerst lokal für jedes gewichtetes Attribut berechnet und daraus wird danach ein globaler Relevanzwert gebildet, der für die Sortierung der Ergebnisse verantwortlich ist.

Die lokale Ähnlichkeit wird über die mit „Fulltext" benannten Auflistungs-Attribute berechnet, hier sind die verwendeten Ähnlichkeitsmaße festgelegt. Für Beschreibung, Titel und Inhalt ist das Volltextähnlichkeitsmaß TF/IDF eingestellt. Für die Schlagwörter ist das Maß „Elemente der Anfrage müssen im Fall vorhanden sein" eingestellt – also ein reiner Vergleich, ob die Wörter vorhanden sind oder nicht – und für den Dateinamen wird die Ähnlichkeit Eins geliefert, wenn er exakt mit der Anfrage übereinstimmt, ansonsten Null.

Für die Berechnung der globalen Ähnlichkeit gibt es vier Möglichkeiten. Bei „Durchschnitt" wird der gewichtete Durchschnittswert genommen, bei „Minimum" und „Maximum" werden die lokalen Ähnlichkeiten mit dem Gewicht multipliziert, der kleinste bzw. größte Wert genommen und dieser dann normalisiert. Bei „Euklidisch" werden die Ähnlichkeiten in Abstände umgewandelt, der Euklidische Abstand berechnet und dieser in einen Ähnlichkeitswert zurück gewandelt. In

| Attribute | Lokale Ähnlichkeit | Gewicht | Ähnlichkeit * Gewicht | Globale Ähnlichkeit | | | | |
|---|---|---|---|---|---|---|---|---|
| | | | | Durchschnitt | Minimum | Maximum (ohne Gewicht) | Maximum (mit Gewicht) | Euklidisch |
| Att_Description _Fulltext | 100% | 4 | 4 | 69% | 10% | 100% | 75% | 92% |
| Att_Keywords_- Fulltext | 80% | 4 | 3,2 | | | | | |
| Att_Content_- Fulltext | 75% | 7,5 | 5,6 | | | | | |
| Att_Title_- Fulltext | 50% | 8,5 | 4,3 | | | | | |
| Att_FileName_- Fulltext | 10% | 1 | 0,1 | | | | | |

---

[73] Stemming bezeichnet das Umwandeln von Wörtern auf ihre Grundform, z.B. wird „Häuser" zu „Haus", „gegangen" wird zu „gehen".

| Attribute | Lokale Ähn-lichkeit | Ge-wicht | Ähn-lichkeit * Ge-wicht | Globale Ähnlichkeit | | | | |
|---|---|---|---|---|---|---|---|---|
| | | | | Durch-schnitt | Minimum | Maxi-mum (ohne Gewicht) | Maxi-mum (mit Gewicht) | Euk-lidisch |
| Att_Description _Fulltext | 100% | 4 | 4 | 69% | 10% | 100% | 75% | 92% |
| Att_Keywords_- Fulltext | 80% | 4 | 3,2 | | | | | |
| Att_Content_- Fulltext | 75% | 7,5 | 5,6 | | | | | |
| Att_Title_- Fulltext | 50% | 8,5 | 4,3 | | | | | |
| Att_FileName_- Fulltext | 10% | 1 | 0,1 | | | | | |

Tabelle 12 auf Seite 73 wird dies dargestellt, dabei sind die lokalen Ähnlichkeiten für das Beispiel willkürlich gewählt.[74] Die Berechnung der globalen Ähnlichkeit wird in Kapitel 4.2.4.3 ab Seite 71 genauer erläutert.

In der ursprünglichen Suchlösung wird „Maximum" verwendet.

### 3.2.4 Verbesserungspotentiale

Bei der Indexierung der Dokumente werden Worte nicht durch ihre im System hinter-legten Synonyme ersetzt, da ursprünglich angenommen wurde, dass im Webportal der Stadt Nürnberg für diese Begriffe ein kontrolliertes Vokabular verwendet wird. In der Praxis hat sich schnell herausgestellt, dass diese Annahme falsch war und so sogar Suchwörter „verdeckt" werden: Wenn in der Anfrage nach „Flughafen" gesucht wird, dies durch die Synonymersetzung in „Airport"[75] umgewandelt wird, werden Do-kumente die das Wort „Flughafen" enthalten, nicht mehr gefunden.

Wenn der eingebaute Stemmer aktiviert wird, verbessern sich wahrscheinlich die Suchergebnisse, da dann auch unterschiedliche Wortformen berücksichtigt werden, die bis jetzt bei einer Anfrage nicht gefunden werden.

Auch die Gewichtungen der einzelnen Attribute und die Funktion zur Berechnung der globalen Relevanz bedürfen noch einer genaueren Untersuchung und Justierung um die besten Ergebnisse auf den ersten Positionen anzuzeigen. Mit der jetzigen Kom-

---

[74] Vgl. [EmpolisKnowledgeServer] Kapitel 6.9.2.2
[75] Da das Unternehmen offiziell „Airport Nürnberg" heißt.

bination wird der Titel einer Seite gegenüber Beschreibung und Schlagwörtern stark bevorzugt, so dass sich letztgenannte schwer durchsetzen können.

Diese Änderungen werden in Kapitel 4.2.4, ab Seite 69, beschrieben.

# 4 Thesaurusbasierte Suche

## 4.1 Ist-Stand

Außer einigen wenigen Synonymwörtern werden in der e:IAS Suche keine Thesaurusdaten für die Suche berücksichtigt. Wie oben (siehe Kapitel 3.2.4, ab Seite 50) schon beschrieben, kann die Implementierung dieser Synonymbehandlung noch nicht zufriedenstellend, da auf den Webseiten kein – wie ursprünglich angenommen - kontrolliertes Vokabular verwendet wird.

Die Software e:IAS bietet Schnittstellen und Werkzeuge für die Integration von Taxonomien und Synonymen an. Aus diesem Grund und den in Kapitel 2.2.2 erläuterten Gründen wurde beschlossen, die Nutzung von Synonymen und ganzen Thesauri zu intensivieren, um den Nutzern bessere Suchergebnisse zu Ihren Anfragen liefern zu können.

Zudem existiert für die Webseiten der Stadt Nürnberg eine alternative Navigationsstruktur namens HUGO, die in einer Art verschachtelter Baumstruktur Links auf Webseiten der Stadt Nürnberg, nach Interessengebieten sortiert, anbietet (siehe Kapitel 4.2.2.6, Seite 62). Da dafür in der Vergangenheit mit großem Aufwand Schlagwortdaten erstellt wurden kam bald die Idee auf, diese Daten auch für die Indexierung mit zu verwenden.

## 4.2 Realisierte Systemerweiterungen

### 4.2.1 Ähnlichkeitsmaße in e:IAS

Die Software e:IAS bietet insgesamt sechs Mengenähnlichkeitsmaße an, um die Ähnlichkeit von Konzepten zu berechnen. Mengenähnlichkeit da es immer um Sets, also Auflistungen eines bestimmten Datentyps, geht, die zueinander verglichen werden. Daneben lassen sich auch zwei unterschiedliche Volltextähnlichkeitsmaße definieren.Im Folgenden wird näher auf die Taxonomieähnlichkeitsmaße in e:IAS eingegangen, die Eigenentwicklungen des Unternehmens Empolis sind und deswegen auch nicht in Kapitel 2.2.3 beschrieben werden.

### 4.2.1.1 Taxonomieähnlichkeitsmaß: Taxonomie

Dieses Maß ist in gewisser Weise ähnlich zu dem Maß, das auf dem Informationsgehaltswert des Konzepts basiert (Kapitel 2.2.3.5, Seite 25), allerdings wird hier nicht der Informationsgehalt eines Konzepts bestimmt, sondern für jeden Knoten in der Taxonomie ein Gewichtswert festgelegt. Die Knoten repräsentieren jeweils eine Anfrage bzw. einen gespeicherten Fall. Bei der Berechnung der Ähnlichkeit wird also jeder Knoten, der im Fall gespeichert ist, mit der aktuellen Anfrage verglichen und dafür die Ähnlichkeit berechnet. In Abbildung 21 ist ein Ordnungsbaum, also eine Taxonomie, wie sie im e:IAS Creator angelegt wird, abgebildet.

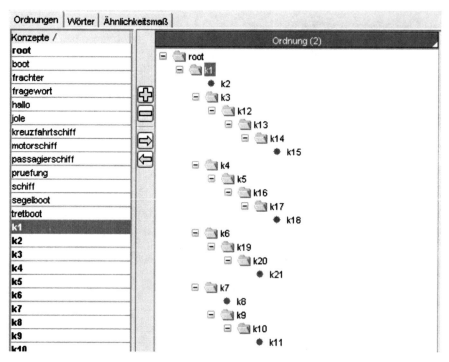

Abbildung 21: Ordnungsbaum im Model Manager des Creators[76]

Zuerst wird jedem Knoten ein Gewichts-Wert zugewiesen, der sich aus der Tiefe des Knotens im Baum geteilt durch die Höhe des gesamten Baumes berechnet, dabei wird mit dem Zählen bei 0 angefangen. Der Knoten K9 in Abbildung 22 und Abbildung 23 hätte also den Wert 3/6 (entspricht 0,5), da der Baum eine Höhe von sechs hat und der Knoten K9 auf Ebene 3 liegt.

---

[76] Quelle: e:IAS Creator

Diese Gewichtswerte beschreiben direkt die Ähnlichkeiten zwischen zwei Blättern des Baumes: Dafür wird der tiefste gemeinsame Elternknoten (LCA) gesucht, dessen Gewicht die Ähnlichkeit zwischen den äußeren Knoten, den Blättern, beschreibt. Hier ist für K15 und K18 der gemeinsame Elternknoten K1 mit einem Gewicht von 1/6, die Ähnlichkeit ist also 0,17. Bei K11 und K8 ist der Elternknoten K7, die Ähnlichkeit also 2/6 oder 0,33 (siehe Zeile 1 und 2 in Tabelle 7). Daraus folgt auch, dass alle Knoten, die nur über den Wurzelknoten miteinander verbunden sind (hier „Root"), eine Ähnlichkeit von 0 haben.

Das Ähnlichkeitsmaß besitzt für die Anfrage (innerNodesInQuery) und das Einfügen der Fälle (innerNodesInCase) jeweils die Parameter „Optimistisch", „Pessimistisch" und „Durchschnitt". Die Parameter beeinflussen die Berechnung des Ähnlichkeitswertes für innere Knoten. Nehmen wir zunächst an, dass nur ein innerer Knoten betrachtet wird und z. B. die Anfrage einem Blatt entspricht. Dabei werden alle Ähnlichkeiten der Blätter, die zu dem inneren Knoten (dem gespeicherten Fall) gehören, zu dem Blatt-Knoten der Anfrage berechnet. Die Parameter bestimmen dann, welcher Wert genommen wird: „Pessimistisch" nimmt das Minimum, „Optimistisch" das Maximum und „Durchschnitt" das arithmetische Mittel. Das Ergebnis dieser Berechnung ist das Maß der Ähnlichkeit zwischen der Anfrage und dem Fall (siehe Zeile 3 in Tabelle 7). In der Praxis ist es noch etwas einfacher: Wenn zwei Knoten nicht übereinander liegen, dann ist die Ähnlichkeit das Gewicht des gemeinsamen Elternknotens (siehe Zeile 4 in Tabelle 7).

Wenn sie übereinander liegen, dann ist bei dem Parameter „Pessimistisch" das Gewicht des weiter oben liegenden Knotens die Ähnlichkeit – außer wenn letzterer nur einen Kindknoten besitzt, dann ist die Ähnlichkeit das Gewicht des ersten Knotens, der mehrere Kindknoten besitzt oder, falls so ein Knoten nicht existiert, das Gewicht des Blattes. Mit dem Parameter „Optimistisch" ist die Ähnlichkeit immer 1; nur für „Durchschnitt" muss der Ähnlichkeitswert berechnet werden.

Entsprechen „Anfrage" und „Fall" inneren Knoten, die nebeneinander liegen, dann wird der gemeinsame Elternknoten genommen, dessen Gewicht die Ähnlichkeit ist. Wenn einer der Knoten weiter oben liegt, werden für beide Knoten die Gewichte ihrer Blätter berechnet; die Ähnlichkeit errechnet sich dann aus diesen Werten: War der höher gelegene Knoten ein Fall, der in die Fallbasis gespeichert ist, dann wird der Parameterwert für „Fall" genommen, andernfalls der Parameterwert für „Anfrage". Die Ergebnisse für die Parameterwerte „Optimistisch" und „Pessimistisch" sind genauso wie oben beschrieben, also 1 oder das Gewicht des weiter oben liegenden Knotens. Die Ähnlichkeit für „Durchschnitt" muss wieder berechnet werden.

Es gibt nur einen Fall, dass die Parametereinstellung für „Anfrage" eine Auswirkung auf das Ähnlichkeitsmaß hat: Wenn der Wert „Optimistisch" ist, dann ist das Gewicht der „Anfrage"-Blätter, die gleichzeitig „Fall"-Blätter sind, 1 anstatt des Gewichts des Anfrage-Knotens[77].

| # | „Anfrage" | „Fall" | Parameter Anfrage | Fall | Wert |
|---|---|---|---|---|---|
| 1 | K15 | K18 | Beliebig | Beliebig | 0,17 |
| 2 | K11 | K8 | Beliebig | Beliebig | 0,33 |
| 3 | K11 | K1 | Optimistisch | Optimistisch | 1 |
|   |   |   | Optimistisch | Pessimistisch | 1 |
|   |   |   | Optimistisch | Durchschnitt | 1 |
|   |   |   | Pessimistisch | Optimistisch | 0,17 |
|   |   |   | Pessimistisch | Pessimistisch | 0,17 |
|   |   |   | Pessimistisch | Durchschnitt | 0,17 |
|   |   |   | Durchschnitt | Optimistisch | 0,31 |
|   |   |   | Durchschnitt | Pessimistisch | 0,31 |
|   |   |   | Durchschnitt | Durchschnitt | 0,31 |
| 4 | K7 | K11 | Beliebig | Beliebig | 0,33 |

Tabelle 7: Beispielhafte Anfragen und ihre Ähnlichkeitswerte

Die Abbildung 22 und Abbildung 23 zeigen jeweils die Ähnlichkeit aller Knoten zum Knoten K9, abhängig von den verschiedenen Parametern. Der Parameter „Durchschnitt" bewirkt in diesem Beispiel keine Veränderungen gegenüber „Optimistisch".

Laut Empolis ist für die meisten e-Commerce- und Diagnosesysteme die Einstellung „Optimistisch" für die Anfragen und „Pessimistisch" für das Einfügen der Fälle am besten geeignet.[78]

---

[77] Vgl. [EmpolisKnowledgeServer], Kapitel 3.5.1
[78] Vgl. [EmpolisFAQ]

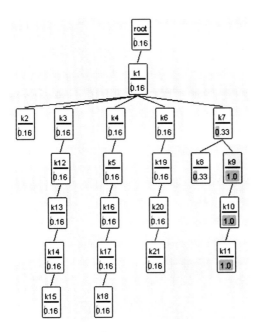

Abbildung 22: Ähnlichkeitsmaß Taxonomie - Anfrage: Optimistisch, Fall: Pessimis-tisch[79]

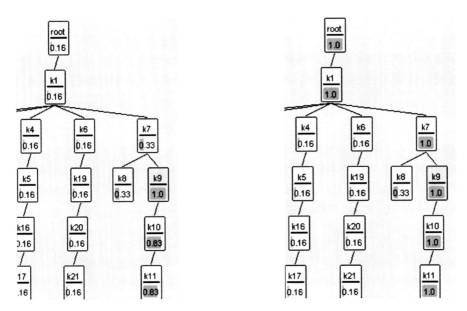

Abbildung 23: Ähnlichkeitsmaß Taxonomie – links: Anfrage: Pessimistisch, Fall: Pesimistisch; rechts: Anfrage: Optimistisch, Fall: Optimistisch[80]

---

[79] Quelle: e:IAS Creator
[80] Quelle: e:IAS Creator

Für die praktische Anwendung ist dieses Ähnlichkeitsmaß allerdings nicht geeignet, da ausgeglichene Taxonomien benötigt werden. Für die Berechnung der Gewichte der Knoten wird jedoch die maximale Tiefe der Taxonomie auch für kürzere Äste angewandt und so entsteht ein Ungleichgewicht. Außerdem wird die Anwendung bei großen Taxonomien unstabil und stürzt häufig ab oder lässt sich nicht mehr starten.

### 4.2.1.2 Taxonomieähnlichkeitsmaß TaxonomiePfad

Hier wird die Ähnlichkeit über die Länge des Pfades bestimmt, wie z. B. auch bei dem Ähnlichkeitsmaß Pfadlänge (siehe Kapitel 2.2.3.1, Seite 23). Allerdings wird nicht nur die Anzahl der Kanten gezählt, sondern für jede Generalisierung, also jeden Schritt nach oben, ein bestimmter Wert multipliziert und für jede Spezialisierung, also für jeden Schritt nach unten, ein anderer Wert multipliziert. Das Verhalten wird über zwei Parameter gesteuert, die sich „Generalisierung" und „Einschränkung" nennen. Um die Ähnlichkeit zwischen zwei Knoten („Anfrage" und „Fall") zu bestimmen, wird der kürzeste Pfad dazwischen bestimmt und mit einem Ähnlichkeitswert von 1 begonnen. Bei jedem Schritt nach oben wird mit dem Wert für „Generalisierung" multipliziert und bei jedem Schritt nach unten mit dem Wert für „Einschränkung". Das Ergebnis ist die Ähnlichkeit[81].

Das Ähnlichkeitsmaß besitzt zwei weitere Parameter: „Schwellenwert" und „Minimale Berechnungsebene". Über den Schwellenwert wird die Anzahl der betrachteten Knoten eingeschränkt. Wenn eine Ähnlichkeit unter den „Schwellenwert" absinkt, sie also nur sehr gering ist, wird sie auf 0 gesetzt. Die „Minimale Berechnungsebene" ist die Ebene, ab der wieder „spezialisiert", also abwärts gegangen werden darf. Der Standardwert ist 1, damit haben alle Knoten, die nur über den Wurzelknoten verbunden sind, die Ähnlichkeit 0. Setzt man die „Minimale Berechnungsebene" höher, werden Pfade, die auf entsprechend niedrigeren Ebenen verbunden sind, mit der Ähnlichkeit 0 belegt. Wird der Wert der „Minimale Berechnungsebene" auf 0 gesetzt wird die Ähnlichkeit auch für Knoten, die nur über die Wurzel verbunden sind, berechnet. In Abbildung 24 erkennt man die Auswirkung dieses Parameters, es werden die Ähnlichkeiten zu Knoten K41 angezeigt. Die Zweige, die über der vierten Ebene liegen (k30 ist ein Element dieser Ebene), werden bei der Ähnlichkeit nicht mehr berücksichtigt.

---

[81] Vgl. [EmpolisKnowledgeServer], Kapitel 3.5.2

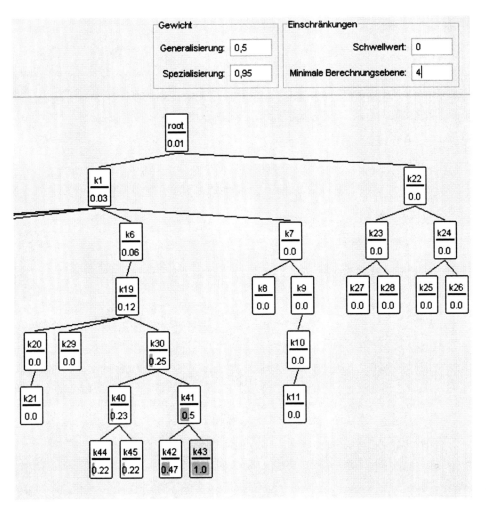

Abbildung 24: Ähnlichkeitsmaß TaxonomiePfad - Ähnlichkeiten zu Knoten K41[82]

Dieses Ähnlichkeitsmaß ist das Maß, das für große Taxonomien hergenommen werden kann, da es auch in der Praxis funktioniert und keine Programmabstürze hervorruft. Außerdem ist es für Taxonomien mit Ästen unterschiedlicher Tiefe geeignet und die Auswirkungen der Parameter können einfach nachvollzogen werden. Welche Parameterwerte für die praktische Anwendung genommen werden können, wird in Kapitel 4.2.4 untersucht.

---

[82] Quelle: e:IAS Creator

## 4.2.2 Mögliche Thesauri und Datenquellen

Um einen Thesaurus zur Verbesserung der Suchergebnisse zu nutzen, muss dieser entweder selbst erstellt werden, was einen sehr großen Aufwand bedeuten würde, oder vorhandene Thesauri untersucht werden, ob sie für die Themen des Webportals und die Einbindung in e:IAS geeignet sind. Darüber hinaus wurden auch allgemeine Datenquellen untersucht, aus denen sich eventuell ein Thesaurus extrahieren lässt.

Im folgenden werden die untersuchten Thesauri und Datenquellen vorgestellt. Hauptsächlich wurden frei verfügbare Quellen untersucht, da bei der Stadt Nürnberg kurzfristig kein Geld für die Lizenzierung kommerzieller Thesauri zur Verfügung stand.

### 4.2.2.1 WikiSaurus in Wiktionary

WikiSaurus[83] ist der Versuch, einen Thesaurus im Wiktionary, einem Schwesterprojekt der Wikipedia, aufzubauen. Es existieren zur Zeit nur 21 Begriffe mit dazugehörigen Synonymen und verwandten Begriffen. In der jetzigen Form sind keine Hierarchien abgebildet, Ober- und Unterbegriffe sind unter „verwandte Begriffe" zusammengefasst. Außerdem ist die Anzahl der Begriffe viel zu gering um die Suche verbessern zu können.

Die Daten sind unter der „GNU-Lizenz für freie Dokumente" verfügbar, müssten aber aufwendig aus den Rohdaten des Wiktionary, das auf der Software MediaWiki basiert, extrahiert werden, da keine spezielle Auszeichnung benutzt wird.

### 4.2.2.2 OmegaWiki

OmegaWiki[84] ist ein gemeinschaftliches Projekt, dass das Ziel hat, eine freie, mehrsprachige Datenbank für den Wortschatz aller Sprachen mit lexikografischen und terminologischen Informationen aufzubauen. Es nutzt grundsätzlich dieselbe Technik wie Wiktionary aber zusätzlich WikiData[85], eine Technologie zur Verwendung relationale Daten.[86]

Es wird nicht angegeben, wie viele Begriffe in OmegaWiki enthalten sind, allerdings scheint z. B. der GEMET Thesaurus (siehe 4.2.2.3) zumindest teilweise enthalten zu

---

[83] http://de.wiktionary.org/wiki/Kategorie:WikiSaurus
[84] http://www.omegawiki.org/
[85] http://meta.wikimedia.org/wiki/Wikidata
[86] Vgl. [OmegaWiki]

sein. Es ist schwierig zu sagen, welche Wissensdomänen OmegaWiki umfasst und wie komplett die einzelnen Bereiche sind, da die Daten von vielen Freiwilligen gepflegt werden, die jeweils ihre „Lieblingswörter" editieren.

OmegaWiki ist unter der „GNU-Lizenz für freie Dokumente" oder wahlweise der „Creative Commons Namensnennung Lizenz" verfügbar, die Datenbank kann heruntergeladen werden.

### 4.2.2.3 OpenThesaurus

Der OpenThesaurus[87] ist ein Open-Source-Thesaurus für die deutsche Sprache. Er enthält 16.046 Bedeutungen und 41.078 Synonyme. Ober- und Unterbegriffe sind teilweise vorhanden, die Qualität ist teilweise sehr gut, leidet teilweise aber auch sehr unter der Unvollständigkeit.

Die Daten können als MySQL-Daten heruntergeladen werden und stehen unter der „GNU Lesser General Public License".

### 4.2.2.4 Getty Thesaurus of Geographic Names

Der Getty Thesaurus of Geographic Names[88] umfasst Informationen zu geografische Orten auf der ganzen Welt. Er enthält 1.1 Millionen Namen und andere Informationen zu ca. 892.000 Orten. Er ist für die Webseiten der Stadt Nürnberg aber nicht sehr geeignet, da „Nürnberg" zwar vorhanden ist, aber keine Informationen zu kleinräumigeren Strukturen.

Eine Lizenzierung ist möglich, über Kosten werden keine Angaben gemacht. Die Daten werden als XML-Datei bereitgestellt.

### 4.2.2.5 Projekt Deutscher Wortschatz

Das Projekt Deutscher Wortschatz[89] ist ein Online-Wörterbuch der Universität Leipzig, das zahlreiche Informationen zu ca. 6 Millionen Wörtern bereithält; beispielsweise Häufigkeitsklassen, Beschreibungen, Relationen zu anderen Wörtern, Synonyme, Unter- und Oberbegriffe, usw.

---

[87] http://www.openthesaurus.de/

[88] http://www.getty.edu/research/conducting_research/vocabularies/tgn/ (nur mit dem InternetExplorer aufrufbar)

[89] http://wortschatz.uni-leipzig.de/

Über Web Services[90] kann auf die Daten einzelner Worte zugegriffen werden. So können z. B. Synonyme oder Sachgebiete zu einem bestimmten Wort abgefragt werden. Dies könnte man beispielsweise über eine direkte Integration in e:IAS erreichen oder es wäre möglich, über eine Analyse der Suchanfragen aus der Vergangenheit, einen Thesaurus für zukünftige Suchanfragen zu erstellen. Da dies einen höheren softwaretechnischen Aufwand bedeuten würde, wurde der Ansatz nicht weiter verfolgt.

### 4.2.2.6 HUGO

HUGO[91] ist eigentlich eine alternative Navigationsmöglichkeit zu den Inhalten des Webportals der Stadt Nürnberg in Form einer Kategorienstruktur, wobei der Sprachgebrauch der Benutzer im Fokus steht. Es wurden dafür bei den einzelnen Dienststellen Begriffe und Synonyme gesammelt, die in den Dienstleistungen bzw. den Sprachgewohnheiten der jeweiligen Kunden verwendet werden. HUGO steht für „hilfreiche und gute E-Government Oberfläche", es wurde zusammen mit der Curiavant Internet GmbH[92] entwickelt, die das Produkt unter dem Namen CuriaKOMPASS[93] vermarktet.

HUGO besteht aus Kategorien, die Links und Erklärungen zu externen Seiten und andere Kategorien beinhalten können. Die Schlagwörter sind bei einzelnen Kategorien gespeichert, sind aber nicht eindeutig, mehrere Kategorien können dieselben Schlagwörter besitzen. Der Einstiegspunkt ist die Kategorie „Suche von A bis Z", unter der alle anderen Kategorien alphabetisch eingeordnet sind, daneben gibt es weitere Top-Kategorien, wie Lebensbereiche, Themenbereiche und Nutzergruppen, die wiederum mit einzelnen Unterkategorien verlinkt sind (siehe Anhang 17).

Hugo besitzt ca. 7500 unterschiedliche Schlagworte, die 1370 Kategorien zugeordnet sind, zusätzlich gibt es 1160 Kategorien ohne Schlagworte.

Die Datenbank liegt als MySQL-Datenbankauszug vor; die Stadt Nürnberg besitzt die Nutzungsrechte an den Daten. Allerdings ist der Datenauszug, der zur Verfügung gestellt wurde, unvollständig, Querverweise zwischen Kategorien sind nicht enthal-

---

[90] Ein Web Service bzw. Webdienst ist eine Software-Anwendung, auf die über eine URL zugegriffen werden. Ein Web Service unterstützt die direkte Interaktion mit anderen Software-Agenten unter Verwendung XML-basierter Nachrichten durch den Austausch über internetbasierte Protokolle.

[91] http://hugo.nuernberg.de/

[92] http://www.curiavant.de/

[93] http://www.curiavant.de/modules.php?name=DigiraNews&file=article&sid=426&menu=1006

ten, so ist in HUGO der Pfad aus Abbildung 25 vorhanden, der Datenauszug aber enthält die Verbindung von „Beratung & Hilfe für Senioren" zu „Altenhilfe" nicht. Da vor allem die „Blattkategorien" Schlagwörter enthalten, ein alphabetischer Thesaurus aber keine Verbesserung bringt, ist es nicht sinnvoll, aus den vorliegenden Daten einen Thesaurus zu extrahieren. Auch wäre es schwierig, aus den verlinkten Kategorien, eine eindeutige Taxonomie ohne mehrdeutige Äste zu erstellen, da Unterkategorien von beliebigen anderen Kategorien verlinkt werden können.

Startseite: Suche von Startseite: Lebensbereiche: Senioren:
Beratung & Hilfe für Senioren → *(A bis Z: A:)* Altenhilfe

Abbildung 25: Beispielhafter Pfad der HUGO Navigation

Die Schlagwortdaten von HUGO sind sehr wertvoll, da sie dem Sprachgebrauch der Benutzer entsprechen. Allerdings müssten auch diese Daten bereinigt und vereinheitlicht werden, weil sie in mehreren Kategorien in verschiedenen Kombinationen vorkommen können (siehe Tabelle 8). Diese Auswertung wurde in der vorliegenden Arbeit nicht weiter durchgeführt.

| ID | Name der Kategorie | Schlagwörter |
|---|---|---|
| 4374 | Suche von A bis Z/A/Abbruch gewerblich genutzter Gebäude | Abbruchgenehmigung, Gewerbe, Abriss, Abbruch, Gebäudeabriss, Hausabreissen, Abriß, Abrisserlaubnis, Genehmigung, einreissen, Amt für Umwelt, Umweltamt, Gewerbe, Abfall, Abfallentsorgung, Bauherr, Bauherren |
| 2203 | Formulare & andere Vorlagen /A/Abbruch gewerblich genutzter Gebäude | Abbruchgenehmigung, Gewerbe, Abriss, Abbruch, Gebäudeabriss, Hausabreissen, Abriß, Abrisserlaubnis, Genehmigung, einreissen |
| 2214 | Formulare & andere Vorlagen /A/Abbruch von Gebäuden (Baustellenüberwachung) | Bauaufsicht, Überwachung, Baustelle, Abriß, Abriss, Überwachen, überwachen, Bauplatz, Abris, Gebäude, Aufsicht, Beaufsichtigung, Beaufsichtigen, Bau, abreissen, Häuser, Haus, Abreissen |

Tabelle 8: Schlagwörter aus der HUGO Navigation

## 4.2.2.7 GEMET Thesaurus

Der GEMET Thesaurus[94] wurde von der European Environment Agency und ihrem Netzwerk, dem "European Environment Information and Observation Network" (EIO-NET), erstellt. GEMET wurde als „genereller" Thesaurus erdacht, mit dem Ziel, eine allgemeine und einheitliche Sprache für die allgemeine Terminologien der Umwelt zu erschaffen.[95] In Anhang 2 sind die Themen, die der GEMET Thesaurus abdeckt, aufgeführt. Zwar kommt nicht exakt das gesamte Spektrum der Webseiten der Stadt Nürnberg vor, aber viele Themen wie Abfall, Kultur oder Verwaltung sind relevant.

Er enthält 5.298 Deskriptoren, die Version in englischer Sprache soll dazu 1.264 Synonyme beinhalten – die Synonyme sind in den zur Verfügung gestellten Daten aber nicht enthalten. Der Thesaurus ist in 22 Sprachen verfügbar. GEMET ist nach den ISO Normen für ein- und mehrsprachige Thesauri aufgebaut.

Der Thesaurus kann in Form von RDF-Dateien, im SKOS-Format, heruntergeladen werden. Er ist frei verfügbar.

Aufgrund der Implementierung in SKOS und der Nähe mancher Themenbereiche zu den Inhalten des Webportals wurde dieser Thesaurus für eine beispielhafte Implementierung ausgewählt (siehe Kapitel 4.2.3.2, Seite 68), obwohl die fehlenden Synonyme ein Manko darstellen, so dass die tatsächliche Verbesserung der Suche hinter der theoretisch möglichen zurückbleibt.

## 4.2.2.8 Eurovoc Thesaurus

Eurovoc[96] ist ein mehrsprachiger Thesaurus, der die Tätigkeitsbereiche der Europäischen Gemeinschaften abdeckt und mit dessen Hilfe die Dokumente und die Anfragen in den Dokumentationssystemen der europäischen Institutionen indexiert werden. Der Thesaurus ist in Ausgabe 4.2 verfügbar und umfasst 21 europäische Sprachen. Er enthält 21 Sachbereiche (siehe Anhang 3), 127 Mikrothesauri mit 645 Deskriptoren, die deutsche Ausgabe enthält 8295 Nichtdeskriptoren, also Synonyme und ähnliches.

Es ist möglich, vom „Office for Official Publications of the European Communities" eine kostenfreie Lizenz zum Indexieren von Dokumenten, die auf Webseiten und in

---

[94] http://www.eionet.europa.eu/gemet/?langcode=de
[95] Vgl. [GEMETabout]
[96] http://eurovoc.europa.eu

Datenbanken enthalten sind, zu bekommen. Der Thesaurus ist in einem XML-Format verfügbar.

Da der Thesaurus von und für eine öffentliche Verwaltung erstellt wurde und Synonyme enthält, ist er für eine beispielhafte Integration in e:IAS ausgewählt worden (siehe Kapitel 4.2.3.1, ab Seite 67)

### 4.2.3 Beispielhafte Einbindung von Thesauri

Bevor Thesaurus-Daten importiert werden können, muss das System auf diese vorbereitet werden. Die vorhandene Synonymbehandlung ist eine wesentliche Grundlage für die Erweiterung durch Taxonomien. Da diese aber nicht optimal implementiert war (siehe Kapitel 3.2.4, Seite 50), mussten hier zuerst Anpassungen vorgenommen werden.

Bisher wurden über das Attribut „Att_Synonyme" nur die Wörter der Anfrage in das dazugehörige Synonymkonzept umgewandelt. Jetzt sollen auch beim Indexieren alle Wörter in die dazugehörigen Konzepte umgewandelt werden, um die Synonymbehandlung und gleichzeitig die Ähnlichkeitssuche über Taxonomien zu ermöglichen. In Abbildung 26 und Abbildung 27 sind die zwei grundsätzlichen Möglichkeiten beispielhaft für die Inhalte des Attributs „Att_Web_Content" aufgeführt.

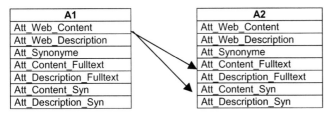

Abbildung 26: Analysemöglichkeit 1

Im ersten Fall werden die Wörter die, als Konzept oder Synonym, zu einem Konzept vorhanden sind, in dem neuen Attribut „Att_Content_Syn" gespeichert und sind im normalen Volltext-Auflistungs-Attribut nicht mehr enthalten. Damit ist für diese Wörter der Volltextvergleich mittels TF/IDF nicht mehr möglich, jetzt können aber stattdessen über ein Taxonomieähnlichkeitsmaß Dokumente, die ähnliche Konzepte enthalten, gefunden werden. Ein Nachteil dieser Methode besteht darin, dass es Probleme mit der Berechnung der globalen Ähnlichkeit gibt. Am einfachsten ist es, wenn nur ein Wort gesucht wird und dieses statt im normalen Volltextattribut im Synonymattribut steht. Da das normale Attribut leer ist, wird es für die Berechnung nicht herangezogen und stattdessen das gefüllte Attribut betrachtete, welches dann einfach denselben Gewichtswert bekommt. Schwieriger wird es, wenn nach mehreren Worten gesucht wird, die teilweise zu Konzepten zugeordnet werden können und teilweise nicht – dann ist eine Vorhersage des Ergebnisses nur schwer möglich und bedürfte weiterer Untersuchungen. Da allerdings ein Großteil der Suchanfragen nur aus einem Wort besteht wird dieser Fall in dieser Arbeit nicht näher evaluiert. In Kapitel 4.2.4 wird noch untersucht, in wie weit man wirklich für alle Volltext-Attribute ein zweites Synonym- bzw. Taxonomieattribut benötigt.

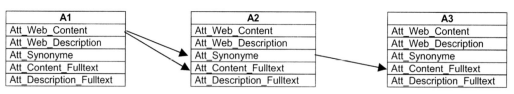

Abbildung 27: Analysemöglichkeit 2

Es wäre praktisch, wenn man keine neuen Attribute für die Synonymersetzung benötigen würde. Dies wird im zweiten Fall gezeigt, hier werden die Konzepte bzw. ihre Synonyme ebenfalls zuerst aus dem ursprünglichen Attribut entfernt, später aber wieder zu dem Volltext-Auflistungs-Attribut hinzugefügt. So sind Volltextvergleiche mittels TF/IDF ohne Abstriche möglich, allerdings können keine Taxonomieähnlichkeiten mehr festgestellt werden. Dieses Vorgehen ist also nur sinnvoll, wenn lediglich Synonymwörter, aber keine Taxonomien, benutzt werden.

Eine Taxonomie in e:IAS besteht aus Konzepten und der dazugehörigen Hierarchie, jedes Konzept kann beliebig viele Synonymwörter besitzen. Die Hierarchieinformationen der Konzepte und die Synonyme können über Textdateien importiert werden. Dabei müssen die Konzepte als Eltern-Kind-Paare vorliegen, für die Synonyme müssen die Textdateien in jeder Zeile einen Deskriptor, also den Namen des Konzepts, und ein dazugehöriges Synonymwort beinhalten.

Verwandte Begriffe können in der Taxonomie selbst nicht mit berücksichtigt werden, es ist aber möglich, ein weiteres Ähnlichkeitsmaß, das sich Tabellen-Ähnlichkeit nennt, dafür herzunehmen. Auch dies kann man über eine Textdatei importieren, es müssen jeweils zwei Konzepte und ein Ähnlichkeitswert angegeben werden. Den Ähnlichkeitswert muss man für diesen Einsatzzweck also fest vorgeben (siehe dazu auch Kapitel 4.2.4.1).

### 4.2.3.1 Ein XML-Thesaurus - Eurovoc

Der Eurovoc-Thesaurus wird in sechs XML-Dateien pro Sprache und drei zusätzlichen, sprachunabhängigen, XML-Dateien geliefert. In Tabelle 9 und ausführlicher in Anhang 4 sind die Inhalte der Dateien ersichtlich.

Relevant sind in erster Linie die Bezeichnungen der Deskriptoren, die Verbindung eines Deskriptors zu seinem Oberbegriff und die Verbindung zwischen verwandten Begriffen. Zusätzlich wurde aus den Daten zur Verbindung von Deskritoren zu ihrem Mikrothesaurus noch eine Top-Level-Ebene generiert, um alle Thesaurusdaten in eine Taxonomie importieren zu können.

| Dateiname | Beschreibung des Inhalts |
|---|---|
| desc_de.xml | Bezeichnung der Deskriptoren |
| dom_de.xml | Bezeichnung der Thesauri-Themen |
| perm_de.xml | Permutationen der Deskriptoren und ihrer Synonyme |
| sn_de.xml | Definition der Deskriptoren |
| thes_de.xml | Bezeichnungen der Mikrothesauri |
| uf_de.xml | Synonymbezeichnungen |
| desc_thes.xml | Verbindung eines Deskriptors zu seinem Mikrothesaurus |
| relation_bt.xml | Verbindung eines Deskriptors zu seinem Oberbegriff |
| relation_rt.xml | Verbindung zwischen verwandten Begriffen |

Tabelle 9: Dateien des eurovoc-Thesaurus

Da die Daten in XML vorlagen, wurde für die Umwandlung in Textdateien XSL Transformation (XSLT)[97] genutzt. Dabei liest ein XSLT-Prozessor[98] ein XSLT-Stylesheets ein und transformiert das XML-Dokumente nach den Stylesheet-Regeln in das gewünschte Ausgabeformat. In Anhang 5 sind die Stylesheets und Auszüge aus den Daten zu finden.

Die Daten des Eurovoc-Thesaurus wurden erfolgreich im Live-System importiert, allerdings lässt sich noch nicht sagen, in wie weit sich die Suchergebnisse dadurch verbessern, das muss noch genauer untersucht werden.

---

[97] XSLT ist eine Programmiersprache zur Transformation von XML-Dokumenten. Sie baut auf der logischen Baumstruktur eines XML-Dokumentes auf und erlaubt die Definition von Umwandlungsregeln. XSLT-Programme, die XSLT-Stylesheets genannt werden, sind dabei nach den Regeln des XML-Standards aufgebaut.

[98] In diesem Projekt wurde der Command Line XSLT Prozessor „Microsoft MSXML" benutzt.

## 4.2.3.2 Ein SKOS-Thesaurus – GEMET

Der GEMET-Thesaurus ist als Sammlung von fünf xml-Dateien in SKOS-Notation (siehe Kapitel 2.2.4, ab Seite 27) verfügbar. Für die Umwandlung in Textdateien wurden verschiedene Lösungen ausprobiert. Der erste Versuch wurde mit den Komandozeilentools von Jena2[99], einem in Java implementierten Framework für das Semantische-Web, unternommen, allerdings ohne Erfolg, da selbst kleine, valide Beispiele zu Fehlermeldungen führten.

Der Versuch, das Raptor RDF Parser Toolkit[100] des Redland RDF Application Framework[101] zu nutzen, schlug fehl, da die Umwandlung zwar funktionierte, aber es Probleme mit Umlauten und anderen Sonderzeichen gab.

| Dateiname | Beschreibung des Inhalts |
|---|---|
| gemet.rdf | Relationen Oberbegriff, Unterbegriff und verwandter Begriff |
| gemet-definitions.rdf | Bevorzugte Bezeichnung, sprachspezifisch |
| gemet-groups.rdf | Hierarchie der Mikrothesauri und deren sprachspezifische Bezeichnungen und sprachspezifische Themenbezeichnungen |
| gemet-backbone.rdf | Zuordnung Deskriptor zu Mikrothesauri und Thema |
| gemet-skoscore.rdf | Alle anderen Dateien zusammengefasst, sprachspezifisch |

Tabelle 10: Dateien des GEMET-Thesaurus

Erfolgreich war der Einsatz der Public-Domain-Software Twinkle[102], einem Programm, um SPARQL-Anfragen zu stellen. SPARQL[103] ist eine Abfragesprache für RDF-Dateien, die Abkürzung ist ein rekursives Akronym und steht für „SPARQL Protocol and RDF Query Language". SPARQL wird vom W3C als Arbeitsentwurf geführt. In Abbildung 28 ist die Benutzeroberfläche von Twinkle, mit einer Abfrage, um die Unterbegriffe zu den Konzepten zu erhalten, abgebildet.

---

[99] http://jena.sourceforge.net/

[100] http://librdf.org/raptor/

[101] http://librdf.org/

[102] http://www.ldodds.com/projects/twinkle/

[103] Siehe [Prud'hommeaux2007]

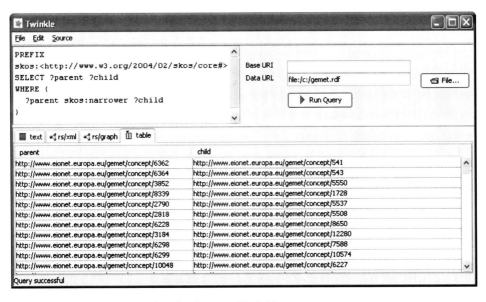

Abbildung 28: Benutzeroberfläche von Twinkle

Um Daten zu selektieren, wird die Anfrage in ein Fenster geschrieben und die RDF-Datei, auf der die Abfrage ausgeführt werden soll, ausgewählt. Das Ergebnis kann als Text, Tabelle, XML oder als Graph ausgeben werden. In Anhang 6 sind die verwendeten SPARQL-Anfragen aufgeführt. Um die Ausgabe zu verkürzen und zu bereinigen - die Wörter sollten in Kleinbuchstaben vorliegen, damit e:IAS sie richtig verarbeiten kann - wurde die Ausgabe noch in die Tabellenkalkulationssoftware Microsoft Excel importiert und mit der Skriptsprache Visual Basic for Applications (VBA) nachbearbeitet.

Diese Daten konnten dann in e:IAS in ein Test-Projekt importiert werden und für eine Suche in einer kleinen Dokumentenbasis verwendet werden. Aktuell wird die Taxonomie im Live-System noch nicht benutzt, da zuerst ein stabiles System aufgebaut werden soll; im Nachlauf dieser Diplomarbeit wird es aber aktiviert, um die Veränderung bei den Suchergebnissen zu beobachtet.

### 4.2.4 Gewichtung von Attributen und Synonymen

Um die richtigen Ergebnisse zu Suchanfragen an den ersten Positionen zu finden, ist es wesentlich, wie die Relevanz eines Dokuments zu einer Anfrage berechnet wird.

## 4.2.4.1 Gewichtswerte der Taxonomieähnlichkeit

Beim Import der Eurovoc-Taxonomie wurde das Ähnlichkeitsmaß TaxonomiePfad benutzt (siehe 4.2.1.2, Seite 58). Bei den Gewichtsparametern wurde für „Generalisierung" ein Wert von 0,75 genommen und für „Spezialisierung" ein Wert von 0,9, da ein spezielleres Ergebnis wahrscheinlich oft genauso gut wie das exakte Ergebnis ist, ein weiter gefasster Begriff aber oft keine sinnvollen Dokumente mehr liefert. In Abbildung 29 sind die zustandekommenden Ähnlichkeiten zu dem Konzept „eurovoc_471" ersichtlich.

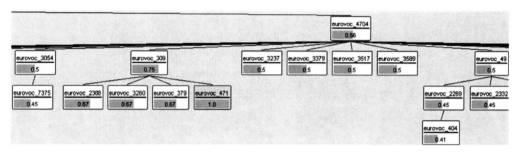

Abbildung 29: Ähnlichkeiten in der Eurovoc-Taxonomie

Für die Assoziationsrelationen des Thesaurus wurde eine Tabellenähnlichkeit importiert. Dabei wurden alle verwandten Konzepte mit einem Ähnlichkeitswert von 0,89 belegt, da sie im Eurovoc-Thesaurus oft nahezu synonyme Begriffe beinhalten.

## 4.2.4.2 Änderung der Gewichtsfaktoren

| # | Attributsbezeich-nung | Ähnlichkeits-maß | Alt | | Neu | |
|---|---|---|---|---|---|---|
| | | | Gewicht | % | Gewicht | % |
| 21 | Att_Description_-Fulltext | TF/IDF | 4 | 47% | *5* | *100%* |
| 22 | Att_Keywords_Fulltext | Element muss enthalten sein | 4 | 47% | *5* | *100%* |
| 23 | Att_Content_Fulltext | TF/IDF | 7,5 | 88% | 4 | 80% |
| 24 | Att_Title_Fulltext | TF/IDF | *8,5* | *100 %* | 5 | *100%* |
| 25 | Att_FileName_Fulltext | Identität | 1 | 12% | 1 | 20% |
| 26 | Att_Taxonomie_G1 | TaxonomiePfad | - | | *5* | *100%* |
| 27 | Att_Taxonomie_G2 | TaxonomiePfad | - | | 4 | 80% |
| 28 | Att_Taxonomie_G3 | TaxonomiePfad | - | | 1 | 20% |

Tabelle 11: Attribute, Gewichte und Ähnlichkeitsmaß

In Tabelle 11 sind die bisherigen und neue lokale Gewichte eingetragen. Die Metadaten (Beschreibung, Schlagwörter und Titel) werden mit den höchsten Gewichten belegt, da sie die Inhalte des Dokuments beschreiben und somit am aussagekräftigsten sind. Der Inhalt bekommt ein etwas niedrigeres Gewicht, da er natürlich ein Dokument am besten beschreibt, allerdings durch die Uneindeutigkeit der natürlichen Sprache ein Thema beispielsweise so umschrieben werden kann, dass das dazu passende Schlagwort im Dokument selbst gar nicht vorkommen muss. Wenn die Metadaten richtig gepflegt werden, ist dieses Schlagwort dort auf jeden Fall vorhanden, weswegen das Gewicht dort etwas höher ist. Das niedrigste Gewicht bekommt der Dateiname, da er meistens nur kryptisch ist und zur Inhaltsdefinition wenig beiträgt. Um die wenigen Ausnahmen davon aber nicht unter den Tisch fallen zu lassen und vor allem um eine Möglichkeit zu haben, nach dem Dateinamen selbst zu suchen, ist das Attribut mit einem geringem Gewicht für die Suche verfügbar. Ist ein Attribut nicht vorhanden, da der entsprechende Bereich nicht im Dokument definiert ist, wird es für die Gewichtung nicht herangezogen. Das ist insbesondere auch für PDF-Dokumente wichtig, da diese keine Beschreibung und keine Schlagwörter besitzen.

Durch die Reduktion auf drei unterschiedliche Gewichtswerte ist es nun möglich, für die Taxonomieähnlichkeit ebenfalls drei Attribute einzurichten, die dieselben Gewichtswerte besitzen. Somit wird das Gewicht eines Wortes für die Relevanz fast nicht verändert, wenn es aus einem Volltext-Attribut in ein Taxonomie-Attribut verschoben wird. Die Relevanz wird trotzdem nicht identisch bleiben, da sich die Auswertung innerhalb des Attributs ändert und das Wort im Original-Attribut nicht mehr für den Volltextähnlichkeitsvergleich verfügbar ist.

### 4.2.4.3 Berechnung der globalen Ähnlichkeit

Dieses Kapitel beschreibt die Berechnung des globalen Ähnlichkeitswertes aus den lokalen Ähnlichkeiten und Gewichtswerten der einzelnen Attribute eines Aggregats (wie schon in Kapitel 3.2.3 ab Seite 43 erläutert). Es gibt vier Möglichkeiten, wie die globale Ähnlichkeit berechnet wird. Bei „Durchschnitt" (average) wird der gewichtete Durchschnittswert genommen, bei „Euklidisch" werden die Ähnlichkeiten in Abstände umgewandelt, der Euklidische Abstand berechnet und dieser in einen Ähnlichkeitswert zurück gewandelt. Das Vorgehen bei „Minimum" und „Maximum" ist nicht ganz klar, je nach Quelle wird das Gewicht entweder in die Berechnung mit einbezogen oder nicht. Wird das Gewicht mit einbezogen, wird der Vorgang folgendermaßen beschrieben: Die lokalen Ähnlichkeiten werden mit dem Gewicht multipliziert, der kleinste bzw. größte Wert genommen und dieser dann normalisiert. Die untenstehende Formeln beziehen das Gewicht nicht mit ein.[104]

Nehmen wir an, dass Case.V1 eine Aggregat-Klasse mit den Attributen $(A_1...A_n, A_{n+1}, A_m)$ ist und jedes Attribut einen Gewichtswert $W(A_i) = w_i$ aufweist, wobei $w_i > 0$ für $i = 1...n$ und $w_i = 0$ für $i > n$. Es besitzen also nur die ersten n Attribute einen Gewichtswert und sind somit relevant für das Retrieval. Weiterhin nehmen wir an, dass Q (Query) und C (Case) Instanzen des Aggregats Case.V1 sind und die Werte der Attribute $(q_1...q_n)$ bzw. $(c_1...c_n)$.[105] Somit bekommen wir folgende Formel, wobei i bei den Summen und bei der Minimum- und der Maximum-Funktion über alle Werte von 1 bis n iteriert. Hat $sim(q_i, c_i)$ den Wert „not a value", was meistens bedeutet, dass $q_i$ den Wert void besitzt, wird der Wert übersprungen.

$$w = \sum w_i$$
$$sim_{average}(Q,C) = \frac{1}{w} \cdot \sum (w_i \cdot sim(q_i, c_i))$$
$$sim_{min}(Q,C) = \min(sim(q_i, c_i))$$
$$sim_{max}(Q,C) = \max(sim(q_i, c_i))$$

Formel 9: Berechnung des globalen Maximums

In der e:IAS-Dokumentation wird für die Berechnung des Euklidischen Abstands die Formel 10 angegeben, diese kann allerdings nicht stimmen, da sie nicht stabil ist, wenn die Gewichtswerte gleichmäßig verändert werden (wenn z. B. alle Werte verdoppelt werden, ändert sich ihr Verhältnis nicht, die Formel liefert trotzdem ein anderes Ergebnis), außerdem wird ein Wert über 1 ausgegeben, da die Wurzelfunktion, die normalerweise bei einem Euklidischen Abstand mit einbezogen wird, fehlt.

$$sim_{euklid}(Q,C) = \frac{1}{w} \cdot \sum \left( \frac{w_i}{sim(q_i, c_i)^2} \right)$$

Formel 10: Globales Maximum: Euklidischer Abstand nach Dokumentation

---

[104] Vgl. [EmpolisKnowledgeServer], Kapitel 3.1 und 6.9.2.2
[105] Vgl. [EmpolisKnowledgeServer], Kapitel 3.1

$$sim_{euklid}(Q,C) = \frac{1}{w} \cdot \sqrt{\sum(\frac{w_i^2}{sim(q_i,c_i)^2})}$$

Formel 11: Globales Maximum: Euklidischer Abstand

Formel 11 könnte die richtige Formel für den Euklidischen Abstand sein, sie wurde vom Verfasser angepasst und ist stabil gegenüber gleichmäßigen Veränderungen aller Gewichtsfaktoren. Welche Formel in e:IAS eingebaut ist, ist nicht bekannt. In

| Attribute | Lokale Ähnlichkeit | Gewicht | Ähnlichkeit * Gewicht | Globale Ähnlichkeit | | | | |
| --- | --- | --- | --- | --- | --- | --- | --- | --- |
| | | | | Durchschnitt | Minimum | Maximum (ohne Gewicht) | Maximum (mit Gewicht) | Euklidisch |
| Att_Description_Fulltext | 100% | 4 | 4 | 69% | 10% | 100% | 75% | 92% |
| Att_Keywords_-Fulltext | 80% | 4 | 3,2 | | | | | |
| Att_Content_-Fulltext | 75% | 7,5 | 5,6 | | | | | |
| Att_Title_-Fulltext | 50% | 8,5 | 4,3 | | | | | |
| Att_FileName_-Fulltext | 10% | 1 | 0,1 | | | | | |

Tabelle 12 wird der Zusammenhang zwischen lokaler und der globaler Ähnlichkeit dargestellt. $sim(q_i,c_i)$ entspricht dabei dem Wert der lokalen Ähnlichkeit.

| Attribute | Lokale Ähnlichkeit | Gewicht | Ähnlichkeit * Gewicht | Globale Ähnlichkeit | | | | |
| --- | --- | --- | --- | --- | --- | --- | --- | --- |
| | | | | Durchschnitt | Minimum | Maximum (ohne Gewicht) | Maximum (mit Gewicht) | Euklidisch |
| Att_Description_Fulltext | 100% | 4 | 4 | 69% | 10% | 100% | 75% | 92% |
| Att_Keywords_-Fulltext | 80% | 4 | 3,2 | | | | | |
| Att_Content_-Fulltext | 75% | 7,5 | 5,6 | | | | | |
| Att_Title_-Fulltext | 50% | 8,5 | 4,3 | | | | | |
| Att_FileName_-Fulltext | 10% | 1 | 0,1 | | | | | |

Tabelle 12: Lokale und Globale Ähnlichkeit (Relevanz)

Bisher war im Projekt „Maximum" aktiviert. Da damit allerdings nur der maximale Wert beachtet wird und die restliche Verteilung unberücksichtigt bleibt, werden die

Fähigkeiten der Suchmaschine nicht genügend genutzt und die Ergebnisse sind nicht optimal. Nur die Werte „Durchschnitt" und „Euklidisch" beziehen alle Werte und Gewichte mit ein. In mehreren Tests hat sich allerdings herausgestellt, das diese Einstellungen sehr geringe Relevanzwerte ergeben haben (zwischen 30 und 40%), deswegen wurde „Maximum" weiterhin als Berechnungsvorschrift gewählt. Dies ist aus obengenannten Gründen allerdings noch nicht zufriedenstellend.

Die neuen Gewichte und die Berechnungsvorschrift wurden im Projekt aktiviert, allerdings gibt es noch keine Auswertung über die Güte der Suchergebnisse.

## 4.3 Analyse der Suchergebnisse

Eine quantitative Analyse der Suchergebnisse ist relativ schwierig, da man dafür nicht nur die Suchanfragen der Benutzer kennen muss, sondern auch die Informationen, die er zu finden hofft, und man dann auch noch feststellen können muss, ob er auch erkannt hat, dass in einem relevanten Dokument, das in dem Suchergebnis durch Titel und Beschreibung dargestellt worden ist, die gesuchte Information enthalten ist.

Eigentlich müsste der Benutzer der Suchmaschine direkt zurückmelden, ob er mit dem Ergebnis der Suche zufrieden ist. Da man beim Anklicken eines Suchergebnisses die Suchseite verlässt, nützt beispielsweise ein Formular für die Rückmeldung, das auf dieser Seite platziert wird, relativ wenig. Man könnte eine Rückmeldung beispielsweise erhalten, indem die externe Seite in einem Webbrowser-Frame geöffnet wird und darüber in einem anderen, schmalen, Frame eine Formular eingeblendet wird, über das das Suchergebnis bewertet werden kann. Neben einer quantitativen Analyse über die Güte der Relevanzalgorithmen könnte diese Methode auch direkt zur Verbesserung der Suchergebnisse benutzt werden. Allerdings wäre die Implementierung solch einer Rückmeldefunktion ein hoher Aufwand und würde genug Stoff für eine oder mehrere andere Diplomarbeiten beinhalten.

Um im Rahmen dieser Arbeit einen qualitativen Vergleich zwischen den Suchlösungen Abacho und e:IAS vorzunehmen, wurden die 16 häufigsten Suchanfragen von Januar 2007 genommen und zu einem Zeitpunkt, an dem die Abacho- und die e:IAS-Suche parallel aktiv waren, Anfragen an beide Suchmaschinen gestellt. Damit die Ergebnisse bewertet werden können, wurde zuerst ein Ziel formuliert, also festgelegt, welchen Inhalt das gefundene Dokument haben sollte. Für den Suchbegriff „Stadtplan" lautete das Ziel beispielsweise „Ein Stadtplan von Nürnberg". Nachdem dies für alle Begriffe durchgeführt worden war, wurden die Suchanfragen gestellt und versucht, aus den Ergebnissen und den darin verlinkten Seiten die URL einer Top-Antwort, also ein Dokument, das am besten zu der Zielformulierung passt, zu finden. Danach wurde überprüft, ob und an welcher Stelle der Suchergebnisse diese Top-URL aufgeführt war, wobei jeweils nur die erste Ergebnisseite mit zehn Ergebnissen untersucht wurde. War die Top-URL nicht in den Ergebnissen enthalten, wurden als zweitbeste Ergebnisse die Dokumente genommen, die das Thema behandeln und auf die Top-URL verlinken und, falls solche Ergebnisse auch nicht existierten, die Dokumente, über die man in irgendeiner Weise auf die Top-URL gelangen kann (z. B. indem man mehreren Links folgt). Die Gesamtzahl der gefunden Ergebnisse sind für die Bewertung der Güte nicht aussagekräftig, zur Information wurden sie aber trotzdem aufgenommen (siehe Abbildung 30 und Anhang 7).

| Anfragen | Suchwort | | Abacho Gesamtsuche Anfragen am 26.02.2007 | | | | Empolis Gesamtsuche Anfragen am 26.02.2007 | | |
| | | | Erwartetes Ergebnis | Bestes Ergebniss | gute Ergebnisse | Ergebnisse | Bestes Ergebniss | gute Ergebnisse | Ergebnisse |
|---|---|---|---|---|---|---|---|---|---|
| 1676*stadtplan* | Stadtplan von Nürnberg | | | 3 | 3 | 3134 | 1 | 1 | 1132 |

Abbildung 30: Vergleich der Suchergebnisse (Ausschnitt)

In einem letzten Schritt wurde die Auswertung unterschiedlich eingefärbt, um einen schnellen Überblick zu bekommen (Grün für sehr gute Ergebnisse, Blau für gute Ergebnisse, Gelb für ausreichende Ergebnisse, Rot für kein Ergebnis und ohne Farbe für mangelhafte Ergebnisse). Der direkte Vergleich zwischen beiden Suchemöglichkeiten ist allerdings nicht sehr aussagekräftig (siehe Tabelle 13). Die Empolis-Lösung generiert zwar fast doppelt so viele gute Ergebnisse, dafür aber auch mehr Fälle, in denen kein passendes Ergebnis gefunden wird.

| | Abacho | Empolis |
|---|---|---|
| Gute Ergebnisse | 5 | 9 |
| Ausreichende Ergebnisse | 8 | 4 |
| Keine Ergebnisse | 1 | 2 |
| *Gesamt* | 17 | 17 |

Tabelle 13: Vergleich von Abacho und Empolis

Interessant wird es, wenn die Ergebnisse mit der neuen Gewichtungsfunktion und die Taxonomieähnlichkeiten ausgewertet sind. Dies kann allerdings aus zeitlichen Gründen in die vorliegenden Arbeit nicht mehr mit aufgenommen werden.

# 5 Barrierefreie Präsentation der Suchergebnisse

## 5.1 Ist-Stand

Das Thema Barrierefreiheit bei der Präsentation der Suchergebnisse kam vor allem dadurch in den Blick, dass laut Empolis für die Navigation zwischen den einzelnen Seiten der Ergebnispräsentation JavaScript[106] zwingend erforderlich ist und die bereits erstellten Ergebnisseiten eine solche JavaScript-Navigation benutzt haben. Aus den in Kapitel 2.3 aufgeführten Gründen, sollen die Inhalte einer Webseite von jedem verwendeten Anzeigengerät in gleicher Weise ausgegeben werden. In diesem Fall scheitert die Barrierefreiheit jedoch daran, dass nicht jedes dieser Geräte mit JavaScript umgehen kann. Grundlegendes Ziel dieses Teils der Diplomarbeit war es deshalb, für die Navigation eine barrierefreie Lösung zu schaffen.

Darüber hinaus wurden für eine Suchergebnisseite eines Miniwebs das Zutreffen der ersten 101 BIENE-Kriterien überprüft, um einen Eindruck zu gewinnen, inwieweit weitere Barrieren vorhanden sind. Das Thema konnte im Rahmen der vorliegenden Arbeit aus zeitlichen Gründen nicht weitergehend behandelt werden. In Anlage 8 und 9 sind die Screenshots der ausgewerteten Seiten, das Auswerteprotokoll und in Anlage 1 die BIENE-Kriterien zu finden. Bei der Auswertung wurde zwischen dem Gesamtlayout und dem Layout und Inhalt der Suchergebnispräsentation unterschieden, da nur letzteres im Rahmen dieser Arbeit anpassbar war. Ansonsten ist das Gesamtlayout im gesamten Webportal der Stadt Nürnberg identisch und könnte deshalb nur im Gesamten verändert werden. In der Tabelle 14 wurden die Ergebnisse zusammengefasst.

| | Kriterien | | | |
|---|---|---|---|---|
| | erfüllt | nicht erfüllt | nicht zutreffend | nicht überprüft |
| Gesamt | 41 | 14 | 44 | 2 |
| Suchergebnis | 45 | 15 | 39 | 2 |

Tabelle 14: Zusammenfassung der BIENE-Kriterien Auswertung

---

[106] JavaScript ist eine objektbasierte Skriptsprache. Sie wird vor allem von Webbrowsern verwendet.

## 5.2 Realisierte Systemerweiterung

### 5.2.1 Zugriff auf die Ergebnisdaten

Auf die Suchergebnisdaten von e:IAS kann entweder über eine anpassbare grafische Benutzeroberfläche (GUI)[107] oder über eine Programmierschnittstelle (englisch: application programming interface oder API)[108] zugegriffen werden. Bei der GUI-Lösung wird ein Programm namens OrengeGate über die CGI-Schnittstelle in den Webserver eingebunden, das eine Anfrage über das HTTP-Protokoll annimmt und diese an den Prozessmanager übergibt. Das Ergebnis bekommt es vom Prozessmanager, fügt es in eine Templatedatei ein und liefert die fertige Ergebnisseite an den Benutzer zurück. Die Präsentation der Ergebnisse kann im Template durch eine proprietäre Skriptsprache (e:Script) gesteuert werden.

Über die API-Lösung können Java-Programme auf alle Funktionen des e:IAS Servers zugreifen, so dass komplette Clients gebaut werden können, um die Suche zu nutzen. Die API verbindet sich über das Netzwerk direkt mit dem Server. Es gibt verschiedene Szenarien für den Einsatz: Es können Java-Programme in einen Webserver eingebunden werden oder ein eigenständiger Java-Client, der auf dem Rechner des Benutzers läuft, erstellt werden.[109] Eine weitere Möglichkeit, auf die Ergebnisse der Suche zuzugreifen, die direkt auf der API aufbaut, ist der Einsatz von Tag Libraries[110]. Tag Libraries sind ein Teil der JavaServer Pages (JSP) Spezifikation, was wiederum eine Technologie für die einfache und dynamische Erzeugung von HTML- und XML-Ausgaben eines Webservers mittels geringem Java-Code ist. Tag-Libraries ermöglichen es, JSP-Seiten zu entwickeln, die noch weniger, also minimalen bis keinen, Java-Code beinhalten.[111]

Die clientseitigen Java-Programme schieden als Lösung aus, da die Suchfunktion direkt in die Webseiten integriert werden sollte, ohne auf extra Software wie die Java-Laufzeitumgebung angewiesen zu sein (was wieder eine unnötige Barriere gewesen wäre). Da die serverseitige Java-Behandlung, sei es über eigene Programme oder Tag-Libraries eine spezielle Webserversoftware[112] voraussetzt, die erst von verschie-

---

[107] Siehe [EmpolisGUI]
[108] Siehe [EmpolisAPI]
[109] Vgl. [EmpolisAPI], Kapitel 1.1
[110] Siehe [EmpolisTag]
[111] Vgl. [EmpolisTag ], Kapitel 1
[112] z. B. Apache Tomcat, http://tomcat.apache.org/

denen Stellen hätte genehmigt und installiert werden müssen und vor allem, da die GUI-Lösung bereits grundsätzlich implementiert und erste Funktionstest erfolgreich durchlaufen worden waren, wurde diese Lösung beibehalten.

## 5.2.2 Aufbau der GUI

### 5.2.2.1 Verfügbare e:Script Tags

Die Tags für die Templatedatei, um das Layout der Suchergebnisseite zu verändern, lassen sich in neun Bereich unterteilen, die in Tabelle 15 aufgeführt sind. In Anhang 10 sind alle Tags aufgeführt.

Die grundsätzlichen Funktionen sind Ausgabe bestimmter Werte, Schleifen über alle vorhandenen Werte und Bedingungen, die feste Werte mit übergebenen Werten vergleichen (gleich, ungleich, enthält Element, enthält Element nicht, größer, kleiner, ungerade, gerade). Es sind also nur einfache Programmierungen möglich, da insbesondere Variablen fehlen.

| Bereich | Erklärung |
|---|---|
| CGI | Zugriff auf Variablen, die via CGI an OrengeGate gesendet wurden |
| Query | Zugriff auf Daten der Suchanfrage |
| SpellChecker | Kann nicht erkannte Wörter bzw. Vorschläge für Berichtigungen anzeigen (nicht genutzt) |
| Retrieval | Ausgabe der Suchergebnisse |
| Marker | Für die Ausgabe markierter Wörter (im allgemeinen wird die Suchanfrage im Ergebnis fett gedruckt) |
| Dialog | Für den Zugriff auf die Dialogkomponente von e:IAS (nicht genutzt) |
| OMML | Direkter Zugriff auf die Modelldaten (nicht genutzt) |
| QueryPage | Dynamische Generierung von Anfrageseiten (nicht genutzt) |
| Utilities | Verschiedene Methoden, u. a. um auf Fehlermeldungen oder die Parameter bestimmter Pipelets zuzugreifen |

Tabelle 15: e:Script Tags

### 5.2.2.2 Gliederung der Seite

In Abbildung 31 ist die Struktur einer Ergebnisseite dargestellt, sie gliedert sich in die Ausgabe der Suchergebnisse und zusätzliche Suchmöglichkeiten. Bei der eigentlichen Ergebnisausgabe wird unterschieden, ob Ergebnisse gefunden wurden oder nicht. Wurden keine Ergebnisse gefunden, wird eine entsprechende Meldung ausgegeben, andernfalls werden zuerst eventuell vorhandene „verwandte" bzw. „sponsored" Links ausgegeben (siehe dazu 5.2.3, Seite 86), danach Informationen dazu, wie viele Dokumente gefunden wurden und auf welcher Ergebnisseite sich der Benutzer aktuell befindet.

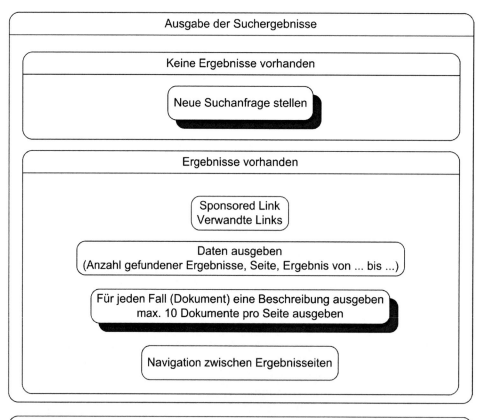

Abbildung 31: Gliederung der Ergebnisseite

Die Ausgabe des einzelnen Dokumente ist davon abhängig, ob es sich um ein PDF-Dokument oder ein Web-Dokument handelt. In Abbildung 32 ist eine beispielhafte Ausgabe zu sehen. Der erste und dritte Eintrag gibt ein Webdokument mit Titel und Beschreibung aus, der zweite Eintrag ein Webdokument, das keine Beschreibung enthält und der letzte Eintrag ein PDF-Dokument, in Klammern ist der Titel des Dokuments angegeben, die Überschrift entspricht hier dem Dateinamen. Die einzelnen Dokumente werden als Zeilen einer HTML-Tabelle ausgegeben, da diese Daten dadurch logisch strukturiert werden können. Dies widerspricht nicht den Grundsätzen der Barrierefreiheit, da die Tabelle hier nicht zu Layoutzwecken genutzt wird. In Anhang 11 sind die verwendeten Tags erklärt.

```
Es wurden 649 Ergebnisse gefunden.

10 Ergebnisse, ab Position 0


    Schlüssel zum Rathaus | Geschäftsbereich Oberbürgermeister
    Der Geschäftsbereich des Oberbürgermeisters der Stadt Nürnberg.
    Relevanz: 100%

    Stimmenanteile Maly (SPD)
    Relevanz: 100%

    Geschäftsbereich Oberbürgermeister | Oberbürgermeister
    Informationen und Lebenslauf des Oberbürgermeister der Stadt Nürnberg.
    Relevanz: 94%

    2003_maly_rede.pdf
    Seite 1 ( 2003 MRP Maly Rede.cdr )
    Relevanz: 83% - Dateigröße 23 KB
```

Abbildung 32: Ausgabe verschiedener Ergebnisse

Unter dieser Ausgabe der einzelnen Dokumente sind die Links zur Navigation zwischen den Ergebnisseiten angeordnet und danach ein Block mit zusätzlichen Suchmöglichkeiten.

## 5.2.2.3 Umsetzung der Navigation

Die Navigation zwischen den Ergebnisseiten war ursprünglich mit JavaScript realisiert, dabei waren die Funktionen über externe Dateien eingebunden und das Dokument wurde über direkte Schreibaufrufe während des Ladens geändert. Wegen der Struktur des CMS Imperia mussten diese externen JavaScript-Dateien auf jeder Seite des Portals eingebunden werden, obwohl die Skripte nur von einem kleinen Bruchteil der Seiten benutzt werden.

Die barrierefreie Lösung wurde in der Template-Datei mit e:Script umgesetzt, so dass von OrengeGate an den Webbrowser des Benutzers Dateien geschickt werden, die nur reines HTML beinhalten. In Abbildung 33 ist der Aufbau der Navigation in einem Auszug für maximal vier Ergebnisseiten zu sehen. Im ersten Block wird der Link für die erste Seite erzeugt, die ja immer vorhanden ist und der letzte Block ist verschachtelt, um die Links auf eventuell vorhandene weitere Navigationsseiten zu erstellen. Der Block dazwischen stellt eine Behelfslösung dar, da in e:Script die Konstante, die die Anzahl der Ergebnisse enthält, nicht mit einer Bedingung versehen werden kann. Hier muss also die Konstante erst an einen CGI-Parameter übergeben werden, indem man auf einen Link, der mit „weitere Ergebnisse..." beschriftet ist, klicken muss. Danach kann e:Script mit Bedingungen arbeiten und alle Navigations-links darstellen.

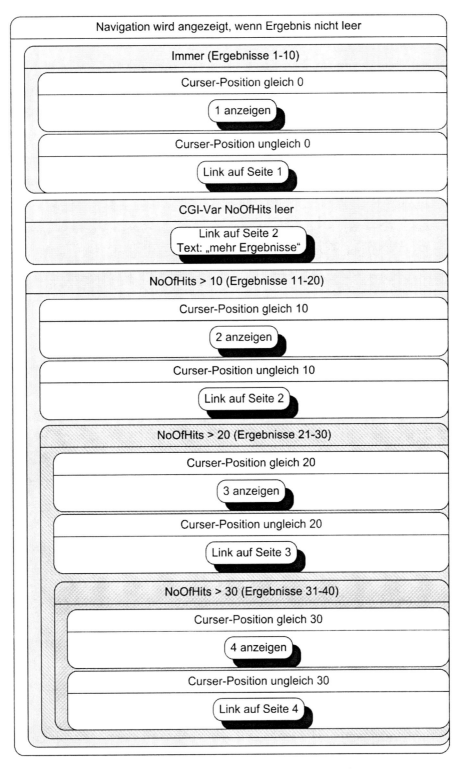

Abbildung 33: Aufbau der Navigation (Auszug für 4 Seiten)

Da bei dieser Lösung für jede Seite ein eigener Codeblock in den Quelltext der Templatedatei geschrieben werden muss, ist die Anzahl der Navigationsseiten begrenzt. Da in der Praxis meistens sowieso nur die erste Seite der Ergebnisse betrachtet wird, wurde die Anzahl der möglichen Navigationslinks willkürlich auf elf festgelegt, somit können bei einer Auflistung von zehn Dokumenten pro Seite maximal 110 Dokumente angezeigt werden.

In jedem Block wird dann noch geprüft, welchen Wert die sogenannte „Curser-Position" aktuell besitzt. Sie enthält den Wert, ab welcher Position im Ergebnisranking die Dokumente ausgegeben werden. Auf der dritten Ergebnisseite werden z. B. die Dokumente ab Position 20 ausgegeben. Entspricht der Wert der aktuellen Seite, wird statt einem Navigationslink nur die Seitenzahl ausgegeben. In Abbildung 34 ist die barrierefreie Navigation abgebildet, die roten Zahlen stellen dabei anklickbare Links dar.

```
1 2 3 4 5 6 7 8 9 10 11
```

Abbildung 34: Navigationslinks (ohne JavaScript)

Abbildung 35 zeigt einen dazugehörenden Quelltextauszug. Die Zeilen 1, 2 und 24 prüfen, ob genug Ergebnisse gefunden wurden, damit auch auf dieser Seite welche angezeigt werden können, die Zeilen 3 bis 6 werden ausgegeben, wenn die aktuelle Seite die dritte ist und die Zeilen 8 bis 22 bauen den Navigationslink zur dritten Seite auf, wenn eine andere Seite die aktuelle ist. „<!—XX-mw_PipelineID-->" ist eine Variable des CMS Imperia, über die gesteuert wird, welcher Bereich des Portals in die Suche mit einbezogen werden soll. Der gesamte Quelltext ist in Anlage 12 ersichtlich.

```
0  <!--3/-->
1  <tecinno:conditionForCgiVar name="NoOfHits" predicate="gt"
2     value="20">
3     <tecinno:conditionForCgiVar
4        name="Pipelet.KSIndexRetrievalPipelet<!--XX-mw_PipelineID-->
          .cursorPosition" predicate="equal" value="20">
5        3
6     </tecinno:conditionForCgiVar>
7
8     <tecinno:conditionForCgiVar
9        name="Pipelet.KSIndexRetrievalPipelet<!--XX-mw_PipelineID-->
          .cursorPosition" predicate="notequal" value="20">
10       <a href="?
11          _IniFile=<tecinno:printValueOfCgiVar name="_IniFile" format="url"
             />&
12          _PipelineID=<tecinno:printValueOfCgiVar name="_PipelineID"
             format="url" />&
13          _TemplateKey=<tecinno:printValueOfCgiVar name="_TemplateKey"
             format="url" />&
14          Att_Text_In=<tecinno:printValueOfCgiVar name="Att_Text_In"
             format="url" />&
15          _QueryClass=Agg_Search.V1&
16          Att_FileIdentifier_ID_expandWildcards=<tecinno:printValueOfCgiVar
             name="Att_FileIdentifier_ID_expandWildcards" format="url" />&
17          Att_FileName_expandWildcards= <tecinno:printValueOfCgiVar
             name="Att_FileName_expandWildcards" format="url" />&
18          NoOfHits=<tecinno:printNoOfHits />&
19          Pipelet.KSIndexRetrievalPipelet<!--XX-mw_PipelineID-->
             .resultSetSize=10&
20          Pipelet.KSIndexRetrievalPipelet<!--XX-mw_PipelineID-->.
             cursorPosition=20"
21          accesskey="3"
22       >3</a>
23    </tecinno:conditionForCgiVar>
...weitere Blöcke...
24 </tecinno:conditionForCgiVar>
```

Abbildung 35: Quelltextauszug für die dritte Navigationsseite

Bei der Implementierung hat sich gezeigt, dass bei den Bedingungen (z. B. „conditionForCGIVar") die Vergleiche mit „größer" oder „kleiner" aufgrund eines Programmfehlers in OrengeGate nicht funktionieren. Deswegen wurden diese Bedingungen, bis eine fehlerbereinigte Version von e:IAS verfügbar ist, auskommentiert. Das hat zur Folge, das aktuell immer alle Navigationslinks sichtbar sind, auch wenn gar nicht so viele Ergebnisse gefunden wurden.

Da für Navigationslinks „weiter" und „zurück" dieselbe Verschachtelung noch zweimal hätte aufgebaut werden müssen und der Quelltext so schon sehr unübersichtlich ist, wurde darauf verzichtet.

Diese Lösung ist - zusammengefasst - nicht optimal: Der Quelltext ist sehr unüber-sichtlich und lang, die Navigationslinks werden in Zukunft erst angezeigt, wenn man einmal auf „weitere Ergebnisse" geklickt hat und wegen des Programmfehlers wer-den zur Zeit immer elf Navigationslinks angezeigt, egal wie viele Ergebnisse gefun-den wurden. Für Personen, die kein JavaScript einsetzen können oder wollen, ist diese Lösung aber wesentlich besser, als nur die ersten zehn Ergebnisse angezeigt zu bekommen.

Um für den Großteil der Nutzer, die JavaScript benutzen können, eine komfortablere Lösung anzubieten, wurde zusätzlich eine weitere Navigationsmöglichkeit auf Basis von JavaScript eingebaut.

Gegenüber der alten Lösung hat diese neue folgende Vorteile: Die JavaScript-Funktionen sind direkt in die Ergebnisseite integriert, und müssen nicht mehr auf jeder Seite des Portals eingebunden werden. Sie ändern direkt das Document Object Model (DOM)[113], dadurch erhält die Rendering-Engine des Browsers immer einen validen HTML-Quelltext und es können keine Fehler durch das direkte Schreiben in die HTML-Datei entstehen. Und vor allem wird die barrierefreie Lösung alternativ ausgeführt, wenn JavaScript nicht verfügbar ist. In Abbildung 36 sind die mit JavaSc-ript generierten Navigationslinks abgebildet, in Anhang 13 ist der Quelltext dazu er-sichtlich.

| zurück 3 4 5 6 7 8 **9** 10 11 12 13 14 15 **vorwärts** |
| --- |

Abbildung 36: Navigationslinks (JavaScript)

### 5.2.3 Verwandte Links

Eine weitere Aufgabe, die zwar nichts mit dem Thema Barrierefreiheit zu tun hat, dafür aber mit der GUI, ist die Darstellung von „Verwandten Links". Diese Funktionali-tät war schon in der Abacho-Suche vorhanden; dabei wurden zu bestimmten, vorher festgelegten Wörtern in der Suchanfrage in einem speziellen Bereich der Ergebnis-seite Links und eine kurze Beschreibung zu verschiedenen externen Seiten ange-zeigt. Beispielsweise wurde bei der Suchanfrage nach „Stadtführungen" ein Link auf

---

[113] Das Document Object Model (DOM) ist eine vom World Wide Web Consortium definierte Pro-grammierschnittstelle (API) für den Zugriff auf HTML- oder XML-Dokumente.

die Webseite des Vereins „Geschichte für Alle", der solche Führungen anbietet, ausgegeben.

Diese Funktionalität sollte auch die e:IAS Suche bekommen, insbesondere da einige
Unternehmen für das Setzen entsprechender Links einen Werbevertrag mit dem
Online-Büro abgeschlossen haben. Aus diesem Grund waren auch „Verwandte
Links" und „Sponsored Links" eingeführt worden. Im Folgenden ist nur von „Verwandten Links" die Rede, die „Sponsored Links" werden analog behandelt und lediglich
anders bezeichnet. In Abbildung 37 ist ihre Darstellung auf der Ergebnisseite zu sehen, sie werden über den eigentlichen Suchergebnissen ausgegeben. Im Beispiel
wurde nach den Wörtern „FCN" und „Geschichte" gesucht.

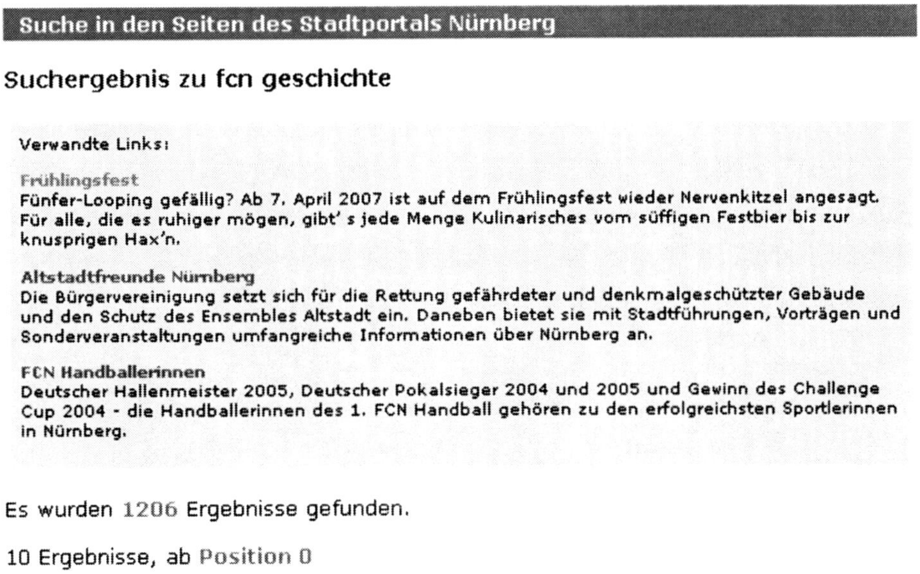

**Suche in den Seiten des Stadtportals Nürnberg**

## Suchergebnis zu fcn geschichte

Verwandte Links:

Frühlingsfest
Fünfer-Looping gefällig? Ab 7. April 2007 ist auf dem Frühlingsfest wieder Nervenkitzel angesagt.
Für alle, die es ruhiger mögen, gibt' s jede Menge Kulinarisches vom süffigen Festbier bis zur
knusprigen Hax'n.

Altstadtfreunde Nürnberg
Die Bürgervereinigung setzt sich für die Rettung gefährdeter und denkmalgeschützter Gebäude
und den Schutz des Ensembles Altstadt ein. Daneben bietet sie mit Stadtführungen, Vorträgen und
Sonderveranstaltungen umfangreiche Informationen über Nürnberg an.

FCN Handballerinnen
Deutscher Hallenmeister 2005, Deutscher Pokalsieger 2004 und 2005 und Gewinn des Challenge
Cup 2004 - die Handballerinnen des 1. FCN Handball gehören zu den erfolgreichsten Sportlerinnen
in Nürnberg.

Es wurden 1206 Ergebnisse gefunden.

10 Ergebnisse, ab Position 0

Abbildung 37: Verwandte Links

Es wurden zwei zusätzliche Attribute eingeführt, zum einen „Att_VerwandterLink" als
Boolean und „Att_VerwandterLink_Text" als eine Auflistung vom Typ Text.
„Att_VerwandterLink" soll als „wahr" gesetzt werden, wenn ein Link vorhanden ist
und „Att_VerwandterLink_Text" soll die eigentlichen Links beinhalten.

Die Umsetzung erolgte über Regeln in e:IAS. Als erstes wurde mit einer sehr hohen
Priorität „Att_VerwandterLink" als „falsch" initialisiert (siehe Abbildung 38), damit sich
das Attribut in einem definiertem Status befindet.

```
VAR
IF
THEN
    SetAttribute(Att_VerwandterLink; "false"; none; override);
    SetAttribute(Att_SponsoredLink; "false"; none; override)
```

Abbildung 38: Verwandte Links – Initialisierungsregel

Für jeden Link gibt es eine weitere Regel (siehe Abbildung 39). In ihrem „VAR"-Teil enthält diese den eigentlichen Link, einen Titel und die Beschreibung, außerdem mehrere Variablen, die HTML-Syntax beinhalten. Über eine Konkatenation werden diese Variablen zu dem HTML-Quelltext zusammengefügt, der später ausgegeben werden soll.

Im „IF"-Teil der Regel wird ein Vergleich mit den Wörtern der Suchanfrage getätigt. Ist eines der Worte vorhanden, wird der „THEN"-Teil ausgeführt. Dort wird der alte Inhalt von Att_VerwandterLink_Text ausgelesen und der oben erzeugte HTML-Quelltextschnipsel als neues Element angehängt. Diese neue Datenstruktur überschreibt dann den alten Inhalt von Att_VerwandterLink_Text.

```
VAR
    $vl_link = "http://www.altstadtfreunde-nuernberg.de";
    $vl_titel = "Altstadtfreunde Nürnberg";
    $vl_text = "Die Bürgervereinigung setzt sich für die Rettung
     gefährdeter und denkmalgeschützter Gebäude und den Schutz des
     Ensembles Altstadt ein.";

    $vl_tmp1 = "<strong><a HREF='";
    $vl_tmp2 = "'>";
    $vl_tmp4 = "<br />";
    $vl_tmp3 = "</a></strong><br /><br />"

    $vl_zerg =
     Concatenation($vl_tmp1; $vl_link; $vl_tmp2; $vl_titel; $vl_tmp3;
     $vl_text; $vl_tmp4; depthFirst; ""; Text.V1);
IF
    OR(
        HasElement(Att_Content_Fulltext; "verwandterlinktest");
        HasElement(Att_Content_Fulltext; "altstadtfreunde");
        HasElement(Att_Content_Fulltext; "altstadt");
        HasElement(Att_Content_Fulltext; "denkmalschutz");
        HasElement(Att_Content_Fulltext; "altstadtspaziergang");
        HasElement(Att_Content_Fulltext; "stadtspaziergaenge");
        HasElement(Att_Content_Fulltext; "baudenkmaeler"))
THEN
    SetAttribute(Att_VerwandterLink_Text;
    Union(Att_VerwandterLink_Text; $vl_zerg; SetOfTxt_Fulltext.V1); none;
    override);
    SetAttribute(Att_VerwandterLink; "true"; none; override)
```

Abbildung 39: Verwandte Links - Altstadtfreunde (gekürzt)

In Abbildung 9 ist der Teil der Template-Datei dargestellt, der für die Ausgabe der „Verwandten Links" zuständig ist. Ist Att_VerwandterLink wahr, wird das Gerüst ausgegeben und dann jedes Element der Auflistung Att_VerwandterLink_Text.

```
<!-- Display Verwandte Links - Start/-->
<tecinno:conditionForQuery attr="Att_VerwandterLink" predicate="equal"
    value="true">
<tr>
  <td class="verwandteLinks"><span class="links">Verwandte
    Links:</span><br>
      <tecinno:loopForValueOfQuery attr="Att_VerwandterLink_Text">
        <tecinno:printValueOfQuery attr="Att_VerwandterLink_Text"/>
      </tecinno:loopForValueOfQuery>
  </td>
</tr>
  </tecinno:conditionForQuery>
<!-- Display  Verwandte Links - Ende /-->
```

Abbildung 40: Ausgabe der Verwandten Links

Diese Funktionen sind im Live-System implementiert, allerdings hat sich noch ein Problem gezeigt:

Wenn nach einem hinterlegten Schlagwort gesucht wird, dieses aber nicht im Index vorhanden ist, wird es in der internen Auswertung von e:IAS schon ersetzt. Dadurch kann der Abgleich zwischen den Wörtern nicht mehr funktionieren. So soll z. B. bei der Suche nach „Stadtspaziergang" ein Link zum Verein „Geschichte für alle" angezeigt werden, das Wort ist nicht im Index enthalten und wird durch den Stemmer bzw. die Rechtschreibprüfung zu „Stadt" und „Spaziergang" berichtigt, wozu dann Suchergebnisse ausgegeben werden, der verwandte Link aber nicht. Ähnlich verhält es sich mit dem Begriff „Altstadtspaziergang" aus der Regel für die „Altstadtfreunde", auch dieser Begriff ist nicht im Index enthalten. Er wird in „Altstadt" berichtigt, was ebenfalls in den Regeln enthalten ist. Hier wird der verwandte Link also dann trotzdem ausgegeben. Letztes Beispiel ist „Glubb", hier soll der Link des 1. FC Nürnberg, eines traditionsreichen Fußballvereins, der in der Bundesliga spielt, ausgegeben werden; da dieses Wort nicht im Index existiert und die Rechtschreibprüfung hier keine Korrektur findet, wird der verwandte Link angezeigt. Dieses Problem ließe sich lösen, wenn man die Worte, die nicht im Index enthalten sind und die auch nicht passend korrigiert werden, in die Metadaten einer passenden Webseite des Portals, die immer vorhanden ist, da ja die verwandten Links eben verwandt zu den im Portal behandelten Themen sind, aufnehmen würde.

# 6 Logdateiauswertung

## 6.1 Ist-Stand

Die Auswertungsfunktion der Abacho-Suche umfasste Grafiken und Zahlenwerte zur Verteilung der Anfragen über einzelne Tage und Monate, es kann allerdings nicht zwischen Anfragen für die Gesamtsuche bzw. Teilsuche unterschieden werden. Die Daten liegen ab Juni 2004 vor.

Bei der e:IAS Suche können Daten geloggt werden, allerdings stellt Empolis keinerlei Auswertefunktion zur Verfügung.

### 6.1.1 Analyse des Benutzerverhaltens

Der folgenden Auswertung liegen die Abacho-Daten von Juni 2004 bis Dezember 2006 zugrunde. In Abbildung 41 sieht man den Verlauf der Anfragen pro Monat, die Werte sind auf einen Standardmonat mit 30 Tagen normalisiert.

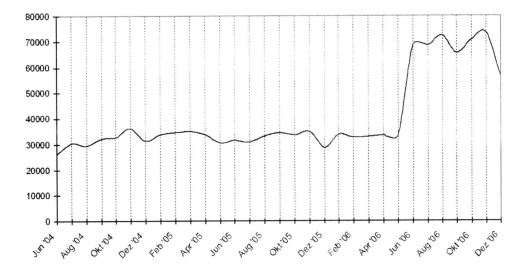

Abbildung 41: Verteilung der gesamten Anfragen pro Monat. Die Werte sind normalisiert.

Interessant ist, dass von Juni auf Juli 2006 eine Verdoppelung der Anfragen zu verzeichnen ist, dabei kann man den Sprung aus den Rohdaten am 4. und 5. Juni feststellen. Offensichtlich ist dieser Anstieg eine Folge der Neugestaltung des Layouts des Webportals, der Unterschied wird in Abbildung 42 und Abbildung 43 ersichtlich. Im alten Layout war die Suchseite nur über einen Link erreichbar, im neuen Layout ist auf jeder Seite des Portals ein Eingabeformular, um die Suche anzustoßen.

Abbildung 42: Altes Layout des Webportals der Stadt Nürnberg

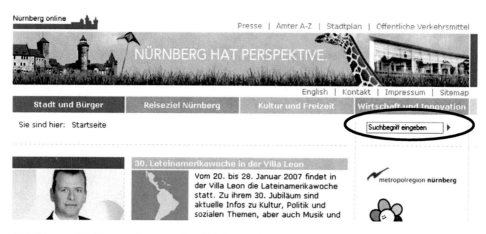

Abbildung 43: Neues Layout des Webportals der Stadt Nürnberg

Vor und nach dem Sprung ist die Zahl der Anfragen relativ konstant mit geringen Schwankungen. Vor der Umgestaltung werden im Juni 2004 26.000 Suchanfragen gezählt, im November 2004 und März 2005 wird jeweils das Maximum von 36.000 Anfragen erreicht. Nach dem Layoutwechsel werden 66.000 bis 75.000 Anfragen gezählt, erst im Dezember 2006 sinkt der Wert wieder auf 59.000. Die Form der Verteilung der Anfragen über den Tag ist dagegen von der Layoutumstellung unabhängig, hier gibt es eine Spitze zwischen 10 und 16 Uhr und fast keine Anfragen zwischen 2 und 5 Uhr (die Zeitzone der Logdatei ist dabei unbekannt, möglicherweise liegt eine Abweichung von der Mitteleuropäischen Zeit vor).

Auch für die „Top Suchbegriffe" jeden Monats ist eine Auswertung vorhanden, die Daten liegen ebenfalls ab Juni 2004 vor, werden hier aber nur für das Jahr 2006 betrachtet. Die Top-Suchbegriffe sind die 300 am häufigsten gesuchten Ausdrücke, des jeweiligen Monats. Neben der Anzahl der Aufrufe und dem Suchbegriff selbst, wird auch noch die Anzahl der Ergebnisse ausgegeben; dabei werden alle definierten URLs betrachtet und eventuelle Teilsuchen außer Acht gelassen. Es kann also sein, dass Ergebnisse ausgewiesen werden, obwohl die entsprechende Anfrage in einer Teilsuche keine Ergebnisse gebracht hat.

Für 2006 sind insgesamt 3600 Suchbegriffe mit ihren Daten vorhanden, davon sind 808 unterschiedlich. 93 dieser Suchbegriffe sind echte Suchausdrücke (Phrasen), die durch ein Leerzeichen oder ein Sonderzeichen getrennt sind. Der Top-Suchbegriff 2006 ist „suchbegriff eingeben" mit 23.610 Anfragen; da dies der Standardtext im Eingabefeld der Suche ist und somit keinen echten Suchbegriff darstellt, wird er im Weiteren aus der Zahlenbasis herausgenommen. Eine weitere Bereinigung der Zahlenbasis wurde nicht vorgenommen, weil andere Fehleingaben wie „enter search term" die Ergebnisse nicht signifikant verändern.

Der nächsthäufige Begriff ist „stadtplan" mit 15.650 Suchen, die Suchbegriffe danach sind mit ihrer Häufigkeit ab 4.200 Suchanfragen weit abgeschlagen. Die Anfragen mit der höchsten Häufigkeit sollten von den Betreibern der Suchmaschine, also dem Online-Büro der Stadt Nürnberg, zuerst auf sinnvolle Ergebnisse kontrolliert und optimiert werden. Besonders bei dem Ausdruck „suchbegriff eingeben" wäre es auch denkbar, weitere Hinweise einzublenden, hier z. B. eine Erklärung der Suchfunktion. In Tabelle 16 sind die 15 häufigsten Suchanfragen 2006 aufgeführt, unter „Results" sind dabei die Durchschnittswert für die Anzahl der Fundstellen aufgelistet.

**Top-Suchanfragen**

|  |  | Gesamtanfragen: | 242.098 | 652.087 |
|---|---|---|---|---|
| **Aufrufe** | **Results** | **Wort** | **% / TOP** | **% / Gesamt** |
| 15.650 | 2.479 | stadtplan | 6,46% | 2,40% |
| 4.200 | 155 | flughafen | 1,73% | 0,64% |
| 4.183 | 10 | stellenangebote | 1,73% | 0,64% |
| 3.953 | 135 | tiergarten | 1,63% | 0,61% |
| 3.548 | 110 | hotel | 1,47% | 0,54% |
| 3.427 | 54 | wetter | 1,42% | 0,53% |
| 3.215 | 150 | messe | 1,33% | 0,49% |
| 3.078 | 144 | zoo | 1,27% | 0,47% |
| 3.062 | 133 | hotels | 1,26% | 0,47% |
| 2.952 | 25 | weihnachtsmarkt | 1,22% | 0,45% |
| 2.760 | 1 | webcam | 1,14% | 0,42% |
| 2.727 | 94 | einwohnermeldeamt | 1,13% | 0,42% |
| 2.412 | 6 | recyclinghof | 1,00% | 0,37% |
| 2.182 | 836 | schulen | 0,90% | 0,33% |
| 2.134 | 151 | bürgermeister | 0,88% | 0,33% |

Tabelle 16: Top-Suchanfragen

**Suchwörter mit wenigen Ergebnissen**

| Keyphrase | Aufrufe (Summe) | Results | letzter Aufruf | erster Aufruf |
|---|---|---|---|---|
| webcam | 2760 | 0,75 | 12/2006 | 1/2006 |
| recyclinghof | 2412 | 6,42 | 12/2006 | 1/2006 |
| sealife | 1500 | 0,75 | 12/2006 | 1/2006 |
| flohmarkt | 1206 | 9,00 | 12/2006 | 1/2006 |
| stadtführung | 1205 | 5,25 | 12/2006 | 2/2006 |
| enter search term | 1202 | 1,29 | 12/2006 | 6/2006 |
| sperrmüll | 1050 | 9,50 | 12/2006 | 1/2006 |
| wertstoffhof | 1040 | 1,42 | 12/2006 | 1/2006 |
| gelber sack | 969 | 8,25 | 12/2006 | 1/2006 |
| mietspiegel | 875 | 4,42 | 12/2006 | 1/2006 |
| jugendherberge | 816 | 4,50 | 12/2006 | 1/2006 |
| camping | 807 | 3,25 | 12/2006 | 1/2006 |
| palm beach | 790 | 2,75 | 12/2006 | 1/2006 |
| verkaufsoffener sonntag | 783 | 0,50 | 12/2006 | 3/2006 |
| faschingszug | 689 | 1,00 | 2/2006 | 1/2006 |
| stellenausschreibung | 664 | 2,33 | 12/2006 | 1/2006 |
| recyclinghöfe | 659 | 8,00 | 12/2006 | 6/2006 |
| pension | 657 | 3,33 | 12/2006 | 1/2006 |
| kirchweih | 638 | 8,67 | 9/2006 | 4/2006 |
| stellenangebot | 633 | 0,92 | 12/2006 | 1/2006 |

Tabelle 17: Suchwörter mit wenigen Ergebnissen (<10 Ergebnisse im Durchschnitt)

Weitere interessante Erkenntnisse liefern diejenigen Suchanfragen, die nur wenige Ergebnisse aufweisen. In Tabelle 17 werden die ersten 20 Suchbegriffe, die weniger als 10 Ergebnisse im Monatsdurchschnitt liefern, sortiert nach der Anzahl der Anfragen, angezeigt. Außerdem wird der Monat der letzten und der ersten Anfrage im Jahr 2006 aufgeführt. Interessant ist hier beispielsweise, dass der Suchbegriff „wertstoffhof" 1,4 Ergebnisse im Durchschnitt liefert, die Begriffe „recyclinghof" jedoch 6,4 und „recyclinghöfe" 8 Ergebnisse. Da diese Begriffe dieselbe Institution bezeichnen, ist dieses Ergebnis natürlich unbefriedigend. Diesem Missstand kann durch die manuelle Pflege von Synonymwörtern bzw. durch die Verwendung eines Thesaurus, der diese Wörter enthält, begegnet werden. Um die Suchfunktion zu verbessern, sollten solche Auswertungen möglich sein und regelmäßig durchgeführt werden.

### 6.1.2 Anforderungen an die Logdateiauswertung

Neben der eben erwähnten Anforderung einer Auswertung nach Suchbegriffen mit wenigen Ergebnissen sollte die Logdatei alle Auswertungen, die in der Abacho-Suche möglich waren, weiterhin ermöglichen, konkret sind das die Ausgabe der Suchanfragen kumuliert nach Monaten und Tagen und die Ausgabe der Top-Suchbegriffe mit der Anzahl der Anfragen und der gelieferten Ergebnisse. Darüber hinaus sollte die Auswertung für jede Teilsuche einzeln und für alle zusammen möglich sein. Außerdem sollte ersichtlich sein, wie stark der e:IAS-Server maximal mit Anfragen belastet wird, um beurteilen zu können, ob ein Server ausreicht oder ob eventuell mehrere parallel geschaltet werden müssen.

## 6.2 Realisierte Systemerweiterung

### 6.2.1 Erzeugung der Logdateien in e:IAS

Die Erzeugung der Logdatei in e:IAS erfolgt in einer Suchpipeline über Regeln, in denen die Ausgabe zusammengebaut wird, und ein LogWriter-Pipelet, das die Ausgabe in die Logdatei schreibt. In Abbildung 44 ist die ursprüngliche und die geänderte Anordnung der Suchpipeline zu sehen, wobei die Änderung nötig war, um alle benötigten Daten zu loggen. Es existieren zwei Regelsätze, die unabhängig voneinander eingesetzt werden können. Die Completion-Rules (Verfollständigungsregeln, siehe Abbildung 45) erzeugen den ersten Teil der Ausgabe, der dann über ein LogWriter-Pipelet in die Datei geschrieben wird, am Ende der Pipeline erzeugen die Adaption-Rules (Anpassungsregeln, siehe Abbildung 46) weitere Ausgabedaten und ein weiteres LogWriter-Pipelet schreibt diese ebenfalls in die Logdatei.

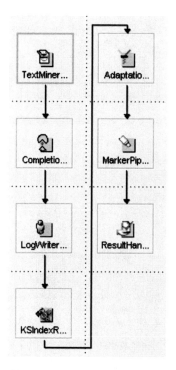 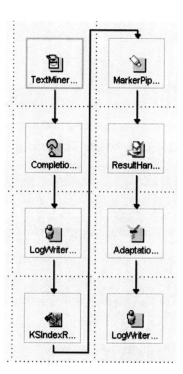

Abbildung 44: Suchpipeline - links: ursprüngliche Anordnung, rechts: neue Anordnung[114]

Zuerst wurde der Versuch unternommen, alle Regeln und das LogWriter-Piplet an das Ende der Suchpipeline zu setzen; hier konnte zwar die Anzahl der Ergebnisse ausgegeben werden, die für die aktuelle Suchanfrage gefunden wurden, dafür waren aber die Suchanfrage und die Normalisierung der Suchanfrage nicht mehr vorhanden. Danach wurde versucht, am Anfang den einen Regelsatz zu benutzen um eine erste Ausgabe zwischenzuspeichern, dieses „Zwischenergebnis" am Schluss von dem zweiten Regelsatz auslesen zu lassen und ganz am Schluss die Daten in die Logdatei zu schreiben. Diese Vorgehensweise funktionierte, allerdings wurde für jedes angezeigte Ergebnis eine Zeile geloggt (wenn 100 Fundstellen vorhanden waren und 10 auf der Ergebnisseite angezeigt wurden, wurden 10 Logeinträge erstellt) - aber vor allem wurde kein Logeintrag erstellt, wenn kein Ergebnis gefunden wurde.

```
VAR
    $textinnorm =
        Concatenation(""; $textinnorm1; ""; depthFirst; "'"; Text.V1);
    $runtime =
        GetPipeletParameter(System ; "pipe.runtime"; single; Text.V1);
    $timestamp =
        FormatDateTime(
            GetPipeletParameter(System ; "pipe.starttime"; single;
            Timestamp.V1); "[dd/MM/yyyy:HH:mm:ss]"; Text.V1);
    $logSearchPipeline =
        GetPipeletParameter(System ; "pipe.id"; single; Text.V1);
    $textinnorm1 =
        Concatenation(Att_Content_Fulltext; depthFirst; ";"; Text.V1);
    $textin =
        Concatenation(""; Att_Text_In; ""; depthFirst; "'"; Text.V1);
    $queryline =
        Concatenation($timestamp; $logSearchPipeline; $textin; $textinnorm;
$runtime; " __"; depthFirst; " "; Text.V1)
IF
THEN
    SetPipeletParameter(Pipelet; "LogWriterPipelet"; $queryline;
"statement"; override)
```

Abbildung 45: Regelsatz 1 (Vervollständigungsregeln)

```
VAR
    $numberofhits =
        GetPipeletParameter(System ; "noOfHits"; single; Integer.V1);
    $runtime =
        GetPipeletParameter(System ; "pipe.runtime"; single; Text.V1);
    $queryline =
        Concatenation("__ "; $numberofhits; $runtime; depthFirst; " ";
        Text.V1)
IF
THEN
    SetPipeletParameter(Pipelet; "LogWriterPipelet"; $queryline;
    "statement"; override)
```

Abbildung 46: Regelsatz 2 (Anpassungsregeln)

In Abbildung 47 ist ein Auszug aus der Logdatei, die nun von e:IAS generiert wurde, zu sehen. Zuerst wird die Zeit des Zugriffs ausgegeben, danach der Name der Such-pipeline, dann die Suchanfrage, wie sie in das Suchformular eingegeben wurde und danach die normalisierte Suchanfrage. Bei der normalisierten Suchanfrage sind nur

---

[114] Quelle: e:IAS Creator

noch Kleinbuchstaben vorhanden, die Umlaute wurden umschrieben und Sonderzeichen und Stoppwörter herausgefiltert. Außerdem wurde das Stemming und eine eventuelle Rechtschreibkorrektur vom Textminer durchgeführt. Der letzte Wert ist eine Zeit in Millisekunden, die der Ausführungsdauer der Pipeline bis zu ihrem ersten Regelsatz entspricht.

Liefert die Suche kein Ergebnis, ist der Logeintrag für diese Anfrage zu Ende, wird ein Ergebnis gefunden, geht es in der nächsten Zeile weiter. Die Zeichen „__" markieren solch eine Fortsetzungszeile, danach wird die Anzahl der Ergebnisse ausgegeben und eine zweite Pipelineausführungszeit, die diesmal die komplette Ausführungsdauer umfasst. Diese zweite Zeile wird für jedes Suchergebnis, das auf der Ergebnisseite ausgegeben wird, geloggt, im Normalfall also zehnmal.

```
[02/11/2006:13:44:58] searchPipeline 'Stadt Nürnberg' 'stadt;nuernberg' 962
__
__   363 12098
__   363 12098
__   363 12098
__   363 12098
__   363 12098
__   363 12098
__   363 12098
__   363 12098
__   363 12098
__   363 12098
[02/11/2006:13:46:23] searchPipeline 'oihoiuhoiu oiuhoi'
'oihoiuhoiu;oiuhoi' 711  __
[02/11/2006:15:10:59] searchPipeline 'Blür' 'blauer' 240  __
__   1 3074
[03/11/2006:13:04:18] searchPipeline 'Test' 'test' 501  __
__   2 3755
__   2 3755
[03/11/2006:13:04:41] searchPipeline ' '' 10  __
[03/11/2006:13:05:01] searchPipeline 'üblich da' 'ueblich' 130  __
[03/11/2006:13:05:21] searchPipeline 'gewerbe dort' 'gewerbe' 20  __
__   6 3786
__   6 3786
__   6 3786
__   6 3786
__   6 3786
__   6 3786
```

Abbildung 47: Logdatei von e:IAS

Die realisierte Lösung besitzt noch Verbesserungspotential, da zum einen, wenn eine weitere Ergebnisseite aufgerufen wird, der Eintrag im Logfile ebenfalls nochmals geschrieben wird und zum jetzigen Zeitpunkt keine Unterscheidung zwischen einer

Suchanfrage und dem Navigieren zwischen Ergebnisseiten möglich ist. Dies dürfte sich allerdings noch durch das Auslesen bzw. Setzen geeigneter Daten lösen lassen. Ein weiteres Problem hat sich im praktischen Betrieb gezeigt und dürfte laut Empolis Support eigentlich so nicht auftreten. Normalerweise sollten Suchanfragen, die quasi gleichzeitig gestellt werden, in eine Queue eingereiht werden und so nacheinander abgearbeitet werden. In der Logdatei werden aber trotzdem in seltenen Fällen die Ausgaben von mehreren Suchanfragen vermischt. Dies ist möglich da zwei Pipelets der Suchpipeline nacheinander schreibend darauf zugreifen. Dieses Problem bedarf noch einer näheren Untersuchung.

### 6.2.2 Datenschutz

Wenn Daten anfallen und elektronisch verarbeitet werden, müssen die einschlägigen Datenschutzgesetze beachtet werden. Da in der Logdatei aber keine personenbeziehbaren Daten (wie z. B. Benutzernamen oder IP-Adressen) gespeichert werden, muss auf Datenschutzbestimmungen nicht geachtet werden. Es muss allerdings durch organisatorische Maßnahmen sichergestellt sein, dass die hier gewonnenen Daten nicht über den Zeitstempel mit anderen, personenbeziehbaren Daten, wie z. B. dem Zugriffslog des Webservers, zusammengeführt werden können.

### 6.2.3 Umwandlung der Logdatei mit Shell-Skripten

Über ein Shell-Skript (siehe Anhang 14) wird die Ausgabe von e:IAS in ein Format gebracht, dass kompakter ist und leichter gelesen werden kann. Dies wird dann von dem Auswertungstool eingelesen. In Abbildung 48 ist die e:IAS-Logdatei aus Abbildung 47 in dieses kompakte Format umgewandelt. Die Daten sind in der selben Reihenfolge wie in der ursprünglichen Logdatei angeordnet, nach den normalisierten Suchwörtern wird die erste Ausführungszeit, dann die Zahl der gefundenen Ergebnisse, danach die zweite Ausführungszeit, bzw. ein „-" wenn diese nicht gelogt wurde, und am Schluss ein Ergebniscode geschrieben. Wurden Ergebnisse gefunden, lautet der Code „200", wurden keine Ergebnisse gefunden „204".

```
[02/11/2006:13:44:58] searchPipeline "Stadt Nürnberg" "stadt;nuernberg" 962
  363 12098 200
[02/11/2006:13:46:23] searchPipeline "oihoiuhoiu oiuhoi"
  "oihoiuhoiu;oiuhoi" 711 0 - 204
[02/11/2006:15:10:59] searchPipeline "Blür" "blauer" 240 1 3074 200
[03/11/2006:13:04:18] searchPipeline "Test" "test" 501 2 3755 200
[03/11/2006:13:04:41] searchPipeline "" "" 10 0 - 204
[03/11/2006:13:05:01] searchPipeline "üblich da" "ueblich" 130 0 - 204
[03/11/2006:13:05:21] searchPipeline "gewerbe dort" "gewerbe" 20 6 3786 200
```

Abbildung 48: Umgewandeltes Logfile

Die Logdatei von e:IAS hätte auch direkt in das Auswertungstool importiert werden
können, doch der Zwischenschritt über ein Shell-Skript wurde eingefügt, weil bei der
Stadt Nürnberg die entsprechenden Kompetenzen zur Shell-Programmierung vorhanden sind und somit einfach über Änderungen in e:IAS und dem Skript, die oben
angesprochenen Fehler bereinigt werden können, ohne an der Auswertung selbst
etwas ändern zu müssen. Außerdem ist das Zwischenformat wesentlich kompakter
und kann so besser archiviert werden und ist für die Benutzer leichter lesbar.

### 6.2.4 Prototyp einer Logdateianalyse in Perl

Vor der Entscheidung, einen eigenes Logdateianalysewerkzeug zu entwickeln wurde
untersucht, ob Standardprogramme auf dem Markt vorhanden sind, die diese Aufgabe nativ oder nach kleinen Modifikationen übernehmen könnten. Es wurden verschiedene Programme, vor allem auch solche zur Anzeige von Webserver-
Logdateien, untersucht und festgestellt, dass sie mit den vorhandenen Logdaten gar
nicht funktionierten oder den Anforderungen nicht gerecht werden.

Die Entwicklung des Analysewerkzeugs wurde prototypisch umgesetzt. Als Programmiersprache kam Perl[115] zum Einsatz, da die Laufzeitumgebung auf dem vorgesehenen Server installiert war und andere Programme, wie das CMS, darunter laufen
und entsprechende Kompetenzen und Erfahrungen dafür bei der Stadt Nürnberg und
dem Verfasser dieser Arbeit vorhanden sind.

Neben den oben genannten Anforderungen wurde beschlossen, das System modu-
lar aufzubauen. So soll ein Modul die Logdaten in eine Datenbank einlesen und ein
anderes die Daten der Datenbank darstellen.

Die Dokumentation dazu befindet sich in Anhang 15.

### 6.2.4.1 Sicherheit der Anwendung

Die Sicherheitsaspekte sollten bei der Programmierung einer Anwendung immer sehr weit oben in der Prioritätsliste stehen. Da das Analysewerkzeug auf einem internen System laufen soll, auf das nur ein eingeschränkter Kreis von Mitarbeitern der Stadt Nürnberg Zugriff hat, ist das diesbezügliche Gefahrenpotential nicht sehr hoch. Trotzdem wurde ein besonderer Augenmerk auf Daten, die über Schnittstellen eingelesen werden, gerichtet. Zum einen sind das die Daten, die in die Suchformulare des Webportals eingegeben werden und dann in den Logdateien gespeichert sind, und zum anderen Parameter, die über den Webbrowser oder die Kommandozeile an die Anwendung übergeben werden. Soweit möglich werden entweder nur bestimmte Zeichen zugelassen (Whitelist) oder die Eingaben über Routinen maskiert, so dass nur noch „ungefährliche" Zeichenfolgen vorhanden sind. SQL-Injektionen, also Angriffe, die versuchen, eigene Datenbankbefehle einzuschleusen, werden durch sogenannte „Prepared Statements", genau festgelegte Datenbankbefehle, abgefangen.[116]

Außerdem wurden, soweit vorhanden, fertige CPAN[117]-Module verwendet, um einen einfach zu wartenden Quellcode zu erhalten. Sollten sicherheitskritische Fehler in einem solchen Modul gefunden werden, wird in der Regel sehr schnell eine neue fehlerbereinigte Version bereitgestellt, die dann einfach auf den Server eingespielt werden kann.

### 6.2.4.2 Datenbankstruktur

In Abbildung 49 ist das Entity-Relationship-Diagramm des Datenmodells abgebildet. Die Zugriffe werden mit Zeitstempel, Ergebniscode, Ausführungszeiten und Namen der Suchpipeline in der Tabelle „access_log" gespeichert.

Das Feld „accesscount" steht immer auf 1. Hier kann man später eventuell noch eine Datenkomprimierung einbauen, indem man z. B. alle Zugriffe eines Tages zusammennimmt, dann würde „accesscount" die Anzahl der Anfragen dieses Tages beinhalten. Die Komprimierungsfunktion ist noch nicht implementiert, die Auswertung berücksichtigt diese Daten jedoch schon.

---

[115] http://www.perl.org/
[116] Siehe auch [Schreiber2006]
[117] Engl. Comprehensive Perl Archive Network, eine Sammlung von Perl-Modulen

Die Suchausdrücke werden zuerst in die einzelnen, normalisierten Wörter aufgespaltet und in der Tabelle „keyword" gespeichert. Über „keyphrase" werden die Suchausdrücke wieder zusammengeführt und zu den Suchphrasen, wie sie der Benutzer eingegeben hat, in „keyphrase_unnormalized", verknüpft. In „keyphrase_count" wird die Suchphrase mit der Tabelle „access_log" verknüpft, in dem Feld „resultcount" wird die Anzahl der Ergebnisse gespeichert. Das Feld „callcount" ist wieder für die Komprimierung vorgesehen und beinhaltet standardmäßig „1".

Die Tabelle „Config" enthält verschiedene Konfigurationsdaten, die einzelnen Felder sind vor allem für die Komprimierungsfunktion vorgesehen.

Als Datenbank ist SQLite[118] implementiert, eine sehr kompakte Datenbank, die ihre Daten in einer einzigen Datei speichern kann und die als Public-Domain Programmbibliothek für Perl verfügbar ist und einfach eingebunden werden kann.

---

[118] http://www.sqlite.org/

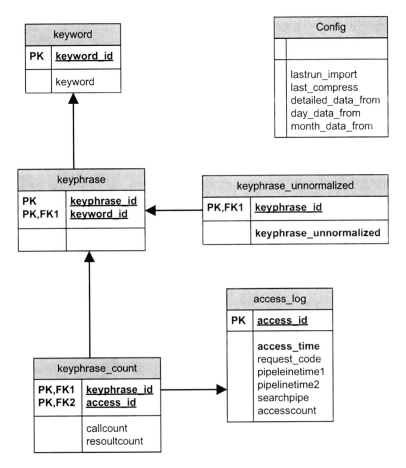

Abbildung 49: Datenbankstruktur

### 6.2.4.3 Einlesen der Logdateien

Für das Einlesen der Logdateien in die Datenbank ist das Perl-Skript „logfile_import.pl" zuständig. Es wird über die Kommandozeile aufgerufen und liest zuerst die Konfigurationsdaten aus der Datei „log_config.pm". Dann erzeugt es das Datenbankschema, falls dieses noch nicht vorhanden sein sollte, und kopiert bzw. verschiebt (je nach Einstellung) die Logdatei in eine temporäre Datei, die dann importiert wird und gleichzeitig vor einer doppelten Ausführung schützt (Lock).

Vor dem eigentlichen Import sucht sich die Anwendung den Zeitstempel des neuesten Elements in der Datenbank und liest dann die Logdatei Zeile für Zeile ein. Dabei werden nur Daten in die Datenbank geschrieben, die neuer sind als die bereits vorhandenen. Gleichzeitig wird auch eine Plausibilitätsprüfung der Daten durchgeführt, z. B. ob alle Felder vorhanden sind und ob sich Werte nicht widersprechen; fehlerhafte und bereits vorhandene Daten werden verworfen. Das Datum muss für jede Zeile neue überprüft werden, da das Shell-Skript Logdateien verschiedener Prozesse in eine gemeinsame Datei zusammenführt und die Einträge dann nicht chronologisch geordnet sind.

Während das Programm läuft, werden die Daten für die Datenbank zwischengespeichert und erst am Schluss in die eigentliche Datenbank geschrieben. Auf diese Weise wird nur ein schreibender Zugriff auf die Festplatte durchgeführt.

Die Ausgabe des Skripts kann so eingestellt werden, dass im automatischen Lauf nur wenig oder keine Meldungen ausgegeben werden, Fehlermeldungen werden an die Standardfehlerausgabe (stderr) geschickt und können so extra behandelt werden.

### 6.2.4.4 Auswertung der Logdaten

Die Ausgabe der Daten über die CGI-Schnittstelle des Webservers übernimmt „logfile_auswertung.pl", dieses Perl-Skript benutzt dieselbe Konfigurationsdatei und dieselbe Datenbank wie die Importanwendung. Die Auswertung liest die Daten aus der Datenbank, wertet diese aus und gibt das Ergebnis als HTML-Code an den Browser, die Formatierung wird über CSS realisiert.

Abbildung 50: e:IAS Logfile-Auswertung

In Abbildung 50 ist die Benutzeroberfläche der Auswertung zu sehen, links befindet sich eine Liste mit verschiedenen Navigations- und Einstellungsmöglichkeiten und auf der rechten Seite der Inhaltsbereich. Über die Navigation kann man zwischen den verschiedenen Auswertungen wechseln. Unter Zeitraum lässt sich der betrachtete Zeitabschnitt ändern, hier ist beim Aufruf der aktuelle Monat voreingestellt. Über das Formular lässt sich der Monat beliebig wechseln. Gibt man beim Monat „0" ein, wird das ganze Jahr ausgewertet, gibt man beim Jahr „0" ein, werden alle vorhandenen Daten ausgewertet. Über URL-Parameter lässt sich die Auswertung auch auf einzelne Tage einschränken. Unter Pipelines lässt sich die Auswertung auf einzelne Such-Pipelines beschränken, daneben kann man noch alle Suchpipelines und alle Suchpipelines außer denjenigen für das Intranet und für Tests auswählen.

Die einzelnen Auswertungen werden im Folgenden vorgestellt. Über „Suchwörter"
werden die 300 am häufigsten eingegeben Suchwörter, bezogen auf die aktuelle
Einschränkung zu Pipeline und Zeitraum, ausgeben (siehe Abbildung 51). Die Suchwörter werden normalisiert ausgegeben und dazu die Anzahl der Aufrufe (Suchanfragen) und die Anzahl der gefundenen Ergebnisse. Die Ergebniszahl ist nicht eindeutig, da zum einen mehrere Suchpipelines in der Auswertung eingeschlossen sein
können, die eine unterschiedliche Anzahl an Ergebnissen ausgeben und zum anderen kann sich während des Auswertungszeitraums die Anzahl der Dokumente, die
das Schlagwort enthalten, geändert haben. Die Balkengrafik zeigt die Anzahl der
Aufrufe an, werden nur wenig Ergebnisse gefunden, wird die Zeile rot eingefärbt.

| Schlüsselwort | Aufrufe | Ergebnisse (min) | Ergebnisse (max) | |
|---|---|---|---|---|
| museum | 32 | 0 | 382 | |
| duerer | 25 | 145 | 382 | |
| germanisches | 25 | 5 | 362 | |
| spielzeug | 25 | 0 | 382 | |
| nuernberg | 23 | 0 | 479 | |
| nationalmuseum | 20 | 15 | 360 | |
| oeffnungszeiten | 20 | 0 | 160 | |
| jahrhunderts | 19 | 0 | 161 | |
| 18 | 18 | 91 | 166 | |
| albrecht | 18 | 135 | 377 | |
| dokumentationszentrum | 17 | 86 | 86 | |
| sinne | 14 | 12 | 127 | |
| kindergeburtstag | 13 | 1 | 1 | |
| test | 13 | 0 | 1 | |
| db | 10 | 2 | 358 | |

Abbildung 51: Ausgabe der Suchwörter

In Abbildung 52 sieht man, wie die 300 häufigsten Suchphrasen ausgegeben werden. Die Darstellung erfolgt wieder normalisiert, die anderen Werte sind analog zu
denen der Suchwörter. Suchphrasen sind dabei die tatsächlich eingegebenen Suchanfragen, die aus einem oder mehreren Wörtern bestehen können. Wenn man den
Mauszeiger über eine Phrase bewegt, werden darunter die nicht-normalisierten Anfragen, wie sie der Benutzer tatsächlich eingegeben hat, angezeigt. Hier sieht man
im Beispiel auch, dass „albrecht dürer hase" über die Rechtschreibprüfung zu „haus
albrecht duerer" umgewandelt wurde, da keine Dokumente existierten die „Hase"
beinhalteten.

| Schlüsselphrase | Aufrufe | Ergebnisse (min) | Ergebnisse (max) | |
|---|---|---|---|---|
| spielzeug 18 jahrhunderts | 42 | 161 | 161 | |
| germanisches nationalmuseum | 24 | 15 | 15 | |
| haus albrecht duerer | 21 | 173 | 173 | |
| *Albrecht-dürer-haus* | | | | |
| *albrecht dürer hase* | | | | |
| *albrecht-dürer haus* | | | | |
| *dürerhaus* | | | | |
| oeffnungszeiten | 18 | 0 | 41 | |
| *Oeffnungszeiten* | | | | |
| *oeffnungszeiten* | | | | |
| *Öffngungszeiten* | | | | |
| *Öffnungszeiten* | | | | |
| *öffnungszeiten* | | | | |
| db museum | 16 | 358 | 358 | |
| turm sinne | 14 | 12 | 12 | |
| kindergeburtstag | 13 | 1 | 1 | |
| test | 13 | 0 | 1 | |
| sprache politisches element | 12 | 24 | 24 | |
| nuernberg einwohneramt | 12 | 0 | 0 | |

Abbildung 52: Ausgabe der Suchphrasen

Unter „Anfragen" wird die Anzahl der Anfragen und Ihre zeitliche Verteilung ausgegeben. In Abbildung 53 sind das die Gesamtzahl der Anfragen und die Verteilung auf Wochentage, daneben wird noch die Verteilung auf die Stunden eines Tages und die Anzahl der Aufrufe pro Monat angezeigt. Die roten Balken der Grafik stehen dabei für nicht erfolgreiche Anfragen, also solche, zu denen keine Ergebnisse gefunden wurden und die grünen für erfolgreiche Anfragen.

„Tagesübersicht" ist eng verwandt zu „Anfragen"; hier werden die Anzahl der Anfragen pro Tag ausgegeben.

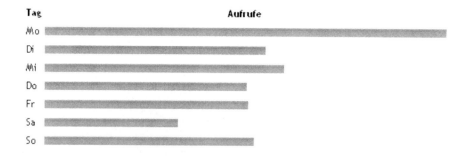

Gesamtanzahl der Anfragen.

Erfolgreich: 593
Ohne Erfolg: 290
Gesamt: 883

Anfragen:

Verteilung pro Wochentag

Tag                                    Aufrufe
Mo
Di
Mi
Do
Fr
Sa
So

Abbildung 53: Ausgabe von Daten zu Anfragehäufigkeit

Über „Technische Daten" werden die Pipelineausführungszeiten ausgegeben. An ihnen kann man erkennen, ob der Server zu langsam reagiert. Daneben wird die maximale Belastung des Servers ausgegeben. Dabei wird untersucht, wie viele An-fragen maximal in einer bestimmten Zeiteinheit (Sekunde, Minute, Stunde, Tag) ge-stellt werden und die Spitzenwerte werden angezeigt. Diese Auswertung wurde vor allem für die Konzeptionierung der Server Soft- und Hardware benötigt, da hier die Frage aufgetaucht war, wie viele Anfragen e:IAS gleichzeitig beantworten können muss.

Die Anwendung ist implementiert und funktionsfähig, die Installation auf dem vorge-sehen Server ist allerdings bis jetzt noch an nicht kompatiblen Versionen verschiedener Softwaremodule gescheitert. Zur Zeit wird noch an einer Aktualisierung der Serverumgebung gearbeitet. Sollte dies nicht zum gewünschten Erfolg führen, wird die Auswertungssoftware auf einem Computer im Online-Büro installiert.

### 6.2.5 Stresstest

Ein Teil der Diplomarbeit, der nicht mit der Logdateiauswertung zusammen hängt, wohl aber mit der Fragestellung, wie die e:IAS Server Software ausgelastet werden kann, was ja auch durch die Logdateiauswertung beantwortet werden sollte, war die Entwicklung eines Stresstestes. Dazu wurde ein Perl-Skript geschrieben. Es können darin ein Wörterbuch und verschiedenen Suchpipelines definiert werden. Daraus werden dann pseudozufällige Kombinationen gebildet und Anfragen an den Suchserver gesendet.

Dabei sollte untersucht werden, wie sich das System verhält, wenn viele Suchanfragen gleichzeitig abgeschickt werden. e:IAS kann zu einem Zeitpunkt maximal eine Anfrage bearbeiten. Sollte die Bearbeitung einer Anfrage noch nicht abgeschlossen sein, werden weitere Anfragen in eine Warteschlange gestellt und brauchen entsprechend länger um beantwortet zu werden.

Bei 12 parallelen Anfragethreads (bei einer Internetanbindung mit DSL 1000) konnte eine spürbare Verzögerung beobachtet werden, allerdings hat sich das auf eine „echte" Anfrage, die parallel mit einem Webbrowser durchgeführt wurde, nicht dramatisch negativ ausgewirkt. Die Antwortzeit war zwar mit 35 Sekunden relativ lang, aber für Anfragen während einer Lastspitze noch im Rahmen – vor allem, da solche Lastspitzen im Echtbetrieb wahrscheinlich nur kurzzeitig, selten oder nie auftreten.

# 7 Ausblick

Die Suche auf der Basis der Software e:IAS für das Webportal der Stadt Nürnberg wird seit April 2007 produktiv eingesetzt und liefert brauchbare Ergebnisse. Die Ziele der Diplomarbeit wurden somit erreicht.

Allerdings gibt es an vielen Stellen noch Verbesserungsbedarf und Potential. Zum einen ist e:IAS hinsichtlich seiner Stabilität noch nicht ausgereift, so musste die Indexierung von PDF-Dateien, die eine Dateigröße von mehr als 250 KB besitzen, verboten werden, da sonst der Indexierungslauf wegen zu wenig Arbeitsspeicher abgebrochen wurde, und das auf einem Server mit vier Intel Xeon CPUs mit einer Taktrate von je 2.4 GHz und 2,5 GB Hauptspeicher, der daneben nur noch als Webserver für statische Seiten dient. Auch die Konfiguration und das Testen neuer Einstellungen wird mit e:IAS zu einem Geduldsspiel, das Starten des Creators dauert bis zu einer Minute und auch der Prozessmanager benötigt zum Starten extrem lange - und häufig wird das bei beiden mit einer Fehlermeldung wegen Speichermangels abgebrochen. Das Ausprobieren von verschiedenen Einstellungen und Justieren von Parametern wird so stets zu einer langwierigen Angelegenheit.

Das komplizierte Einpflegen neuer Internetpräsenzen, was bei der Stadt Nürnberg zur Zeit alle paar Wochen vorkommt, stellt eine weitere Hürde dar. In Anhang 16 ist das Vorgehen beschrieben. Das Einpflegen einer neuen URL dauert dabei selbst für Anwender, die dies regelmäßig durchführen, mindestens eine halbe Stunde. Darüber hinaus ist die Fehlerrate bei solchen Ergänzungen sehr hoch. Die kryptische Fehlermeldung, die erst erzeugt wird, wenn ein neuer Indexierungslauf angestoßen wird, ist nur für jemanden verständlich, der sich intensiv mit dem System auseinandersetzt. Eine Systemerweiterung, über die neue URLs automatisch hinzufügt werden können, wäre hier sehr hilfreich.

Auch die Indexierung an sich ließe sich noch optimieren. Im Moment wird der Indexierungslauf nach Bedarf, wenn mehrere neue URLs dazu kommen, von Hand angestoßen. Dies geschieht in der Praxis also ehr selten und sollte deshalb auf jeden Fall noch automatisiert werden. Die Index-Erstellung dauert dabei gut zehn Stunden, wobei viele kleine Teilindizes erstellt werden, die dann zu einem Gesamtindex zusammengefasst werden. Würde man hier zwischen Internetpräsenzen unterscheiden auf denen häufig aktuelle Neuigkeiten eingestellt werden und solchen, die über längere Zeiträume unverändert bleiben, könnte man den Indexierungslauf hinsichtlich der Zeit und der erforderlichen Systemressourcen verbessern. Auch eine automatische Erkennung von Fehlern und die Schaffung einer Korrekturmöglichkeit für diese Fehler wäre hilfreich, um die Aktualisierung automatisch ablaufen zu lassen.

Die Vielzahl der einzelnen Internetpräsenzen, die alle über eine eigene URL aufgerufen werden, macht es generell schwierig, den Überblick zu behalten. Im Mai 2007 sind 119 solcher einzelnen Auftritte in der e:IAS Suche integriert und das sind noch nicht alle, die vorhanden sind, da einige ältere Auftritte, z. B. zur Fußball-Weltmeisterschaft 2006, nicht mehr gepflegt werden. Für den Nutzer ist diese Vielfalt nicht zu erkennen, vor allem da die Verlinkung untereinander nicht sehr eng ist. So werden z. B. im Hauptportal die Museen in Nürnberg vorgestellt[119], aber nicht auf die Webseite der Museen der Stadt Nürnberg[120] verlinkt. Die einzelnen Internetpräsenzen könnte man durch eine stärkere Vernetzung der Seiten über Links besser erreichbar machen und außerdem wäre hier eventuell ein Verzeichnis aller Einzelpräsenzen in der Form des Open Directory Project[121] hilfreich, um die einzelnen Angebote besser für die Nutzer erreichbar zu machen. HUGO geht zwar in die Richtung so eines Verzeichnisses, allerdings werden hier nicht die Präsenzen an sich verlinkt, sondern einzelne Seiten und Dokumente, die Lösungen und Antworten für bestimmte Fragen bieten. Bei einer Verlinkung über einen Katalog wären die einzelnen Seiten dann auch besser für Suchmaschinen auffindbar.

---

[119] http://www.nuernberg.de/internet/portal/kultur/museen.html, 23.4.2007
[120] http://museen.nuernberg.de/
[121] Ein Link-Katalog des World Wide Web: http://dmoz.de/

# Literaturverzeichnis

**[Agirre1996]** Agirre, E. & Rigau, G.: *Word sense disambiguation using conceptual density* in *COLING-96 Proceedings,* 16th International Conference on Computational Linguistics, Ministry of Research, Denmark, 1996, Seiten 16-22

**[Banerjee2003]** Banerjee, S. & Pedersen, T.: Extended gloss overlaps as a measure of semantic relatedness in Proceedings of the Eighteenth International Joint Conference on Artificial Intelligence, 2003, Seiten 805-810, PDF: http://www.d.umn.edu/~tpederse/Pubs/ijcai03.pdf

**[Braun2007]** Braun, H.: BIENE 2006: barrierefreie Webseites prämiert in ct - magazin für computertechnik, Januar 2007, Nr. 1, Seite 48

**[Burkart2004]** Burkart, M.: *Thesaurus* in *Grundlagen der praktischen Information und Dokumentation,* Hrsg.: Kuhlen, R.; Seeger, T. & Strauch, D., K.G. Saur, 2004, PDF: http://www.inf-wiss.uni-konstanz.de/People/RK/Zulassung/b02-burkart-END.pdf

**[Caldwell2006]** Caldwell, B.; Chisholm, W.; Slatin, J. & Vanderheiden, G.: *Web Content Accessibility Guidelines 2.0, W3C Working Draft 27 April 2006,* W3C, April 2006, URL: http://www.w3.org/TR/WCAG20/complete.html

**[Cathomen2005]** Cathomen, C.: Barrieren im Internet in T3N, Magazin für TYPO3 und OpenSource-Technologien, Dezember 2005, Nr. 2

**[Chodorow1998]** Leacock, C. & Chodorow, M.: Combining local context and WordNet similarity for word sense identification in WordNet: An electronic lexical database, Hrsg.: Fellbaum, C., MIT Press, 1998, Seiten 265-283

**[Chisholm1999]** Chisholm, W.; Vanderheiden, G. & Jacobs, I.: *Web Content Accessibility Guidelines 1.0, W3C Recommendation 5-May-1999,* W3C, Mai 1999, URL: http://www.w3.org/TR/WAI-WEBCONTENT/

**[Chisholm1999de]** Chisholm, W.; Vanderheiden, G.; Jacobs, I. & Hartmann, R.: *Web Content Accessibility Guidelines 1.0 (deutsche Übersetzung), W3C Recommendation 5-May-1999,* W3C, Mai 1999, URL: http://www.w3c.de/Trans/WAI/webinhalt.html

**[Clark2003]** Clark, J.: *Building accessible websites,* New Riders Publ., 2003, URL: http://joeclark.org/book/

**[Clark2006]** Clark, J.: *To Hell with WCAG 2* in *A List Apart Magazine,* Mai 2006, URL: http://www.alistapart.com/articles/tohellwithwcag2/

**[Clark2006de]** Clark, J.: *Zur Hölle mit WCAG 2* in *A List Apart Magazine,* Mai 2006, URL: http://www.einfach-fuer-alle.de/artikel/to-hell-with-wcag2/

**[Ertel2006]** Ertel, M.: Nutzerfreundlicher Informationszugang durch natürlichsprachige Suchanfragen im Internetportal der Stadt Nürnberg Georg-Simon-Ohm Fachhochschule Nürnberg, Fachbereich Informatik, 2006

**[Eurobrokers1992]** Eurobrokers: Thesaurus Guide. Analytical directory of selected vocabularies for information retrieval European Communities / Union, 1992

**[Jiang1997]** Jiang, J. J. & Conrath, D. W.: Semantic Similarity Based on Corpus Statistics and Lexical Taxonomy in Proceedings of International Conference Research on Computational Linguistics (ROCLING X), 1997, PDF: http://arxiv.org/pdf/cmp-lg/9709008

**[Kolodner1993]** Kolodner, J.: *Case-based reasoning* Morgan Kaufmann Publishers, 1993

**[Lin1998]** Lin, D.: *An information-theoretic definition of similarity* in *Proc. 15th International Conf. on Machine Learning,* Morgan Kaufmann, San Francisco, CA, 1998, Seiten 296-304, PDF: http://www.cs.ualberta.ca/~lindek/papers/sim.pdf

**[McHale1998]** McHale, M. L.: *A Comparison of WordNet and Roget's Taxonomy for Measuring Semantic Similarity,* 1998, PDF: http://acl.ldc.upenn.edu/W/W98/W98-0716.pdf

**[Meiert2004]** Meiert, J.: *Accessibility-Heuristiken* in *meiert.com,* 3. August 2004, Nr. 8, URL: http://meiert.com/de/publications/articles/20040803/

**[Metzmacher2006]** Metzmacher, D.: *Gesetzlich verordnet: Barrierefreies Web* in *Dr. Web Buch Nr. 5,* Dr. Web Magazin, Mai 2006, Seiten 69 ff, PDF: http://www.drweb.de/verwaltung/drweb-5.zip

**[Miles2005]** Miles, A. & Brickley, D.: *SKOS Core Guide, W3C Working Draft 2 November 2005,* W3C, 2005, URL: http://www.w3.org/TR/swbp-skos-core-guide/

**[Pilgrim2002]** Pilgrim, M.: *Dive Into Accessibility - 30 days to a more accessible web site*, 2002, PDF: http://diveintoaccessibility.org/download/diveintoaccessibility-pdf.zip

**[Prud'hommeaux2007]** Prud'hommeaux, E. & Seaborne, A.: *SPARQL Query Language for RDF, W3C Working Draft 26 March 2007*, W3C, März 2007, URL: http://www.w3.org/TR/2007/WD-rdf-sparql-query-20070326/

**[Rada1989]** Rada, R.; Mili, H.; Bicknell, E. & Blettner, M.: *Development and application of a metric on semantic nets* in *IEEE Transactions on Systems, Man and Cybernetics*, IEEE, Januar/Februar 1989, Nr. 19, Seiten 17-30

**[Resnik1995]** Resnik, P.: Using Information Content to Evaluate Semantic Similarity in a Taxonomy in Proceedings of the 14th International Joint Conference on Artificial Intelligence, 1995, Seiten 448-453, PDF: http://arxiv.org/pdf/cmp-lg/9511007

**[Schreiber2006]** Schreiber, T. & Hoffmann, A.: *Sicherheit von Webanwendungen, Maßnahmenkatalog und Best Practices*, Bundesamtes für Sicherheit in der Informationstechnik, August 2006, PDF: http://www.bsi.de/literat/studien/websec/WebSec.pdf

**[Watson1997]** Watson, I.: *Applying Case-Based Reasoning*, Morgan Kaufmann Publishers, Juli 1997

**[BayBGG2003]** *Bayerisches Gesetz zur Gleichstellung, Integration und Teilhabe von Menschen mit Behinderung* Juli 2003
URL: http://www.stmas.bayern.de/behinderte/politik/baybgg.htm
PDF: http://www.stmas.bayern.de/behinderte/politik/baybgg.pdf

**[BayBITV2006]** *Bayerische Barrierefreie Informationstechnik-Verordnung*, 2006, PDF: http://www.stmas.bayern.de/behinderte/politik/baybitv.pdf

**[BGG2002]** *Gesetz zur Gleichstellung behinderter Menschen*, 2002,
URL: http://bundesrecht.juris.de/bgg/index.html
PDF: http://bundesrecht.juris.de/bundesrecht/bgg/gesamt.pdf

**[BITV2002]** *Barrierefreie Informationstechnik-Verordnung*, April 2002,
URL: http://bundesrecht.juris.de/bitv/index.html
PDF: http://bundesrecht.juris.de/bundesrecht/bitv/gesamt.pdf

**[DIN1463-1]** DIN 1463-1: Erstellung und Weiterentwicklung von Thesauri; Einsprachige Thesauri, DIN Deutsches Institut für Normung e. V., November 1987

**[EmpolisAPI]** Introduction to the e:IAS API (APITutorial.pdf), empolis GmbH, 2006

**[EmpolisFAQ]** FAQ: Valuation Model (faq_Valuation.html), empolis GmbH, 2006

**[EmpolisGUI]** *GUI Guide (GUIGuide.pdf)*, empolis GmbH, 2006

**[EmpolisKnowledgeServer]** *Knowledge Server (KnowledgeServer.pdf)*, empolis GmbH, 2006

**[EmpolisTag]** *Tag Library (TagLibrary.pdf)*, empolis GmbH, 2006

**[GEMETabout]** *GEMET About page*, März 2007,
URL: http://www.eionet.europa.eu/gemet/about?langcode=en

**[OmegaWiki]** *OmegaWiki Main Page, deutsch*, Dezember 2006,
URL: http://www.omegawiki.org/index.php?title=Meta:Main_Page/deu&oldid=603255

**[Section508]** *Section 508 Standards des Rehabilitation Act*, 1998,
URL: http://www.section508.gov/index.cfm?FuseAction=Content&ID=12

**[Wortschatz]** *Wortliste*, Projekt Deutscher Wortschatz,
URL: http://wortschatz.uni-leipzig.de/html/wliste.html

# Anhang

# Anhang 1 – BIENE Kriterien

**Prüfschritte der Kriterien zum BIENE-Award 2006**

Der Biene-Award wird für die besten deutschsprachigen barrierefreien Websites verliehen. Die Wettbewerbsbeiträge durchlaufen ein mehrstufiges Verfahren und werden anschließend von einer Jury gekürt.

Die erste Stufe bildet ein Vortest, in dem Basisanforderungen der Barrierefreiheit geprüft werden. Wettbewerbsbeiträge, die diese Anforderungen erfüllen, werden anschließend in einem umfassenden Feintest detailliert weiter untersucht. Ein Praxistest mit Betroffenen bildet die letzte Stufe des Verfahrens.

Die Basis des Prüfverfahrens sind die im Folgenden genannten Kriterien. Jedes dieser Kriterien wird anhand verschiedener Prüfschritte untersucht. Die Prüfschritte werden gemäß einer Skala bewertet und sind unterschiedlich gewichtet. Prüfschritte, die für einen Beitrag nicht relevant und nicht anwendbar sind, gehen nicht in die Bewertung ein.

Bei der Beschreibung der Prüfschritte wird unter Standardansicht eine Testumgebung auf Windows XP, IE 6, 1024x768 verstanden. Darüber hinaus wird auch mit anderen Betriebssystemen und Browsern getestet. Geprüft wird bis auf einige Ausnahmen im mittleren Schriftgrad.

## Grundvoraussetzung

**0 Auf parallele seitenübergreifende Alternativ-Auftritte wird verzichtet.**

0.1 Verzicht auf seitenübergreifende Alternativ-Versionen

Prüfen Sie, ob auf einen parallelen seitenübergreifender Alternativ-Auftritt verzichtet wird. Das Vorhandensein eines seitenübergreifenden Alternativ-Auftritts führt zum Ausschluss vom Wettbewerb.

## Lesbarkeit / inhaltliche Erschließung

**1 Für längere (Fließ-)Texte werden Zusammenfassungen angeboten.**

1.1 Verwendung von Zusammenfassungen für längere (Fließ-) Texte

Prüfen Sie im Browserfenster, ob die wichtigsten Aussagen (wer, was, wann, warum, wie) am Anfang der Seite, des Textes bzw. in der Zusammenfassung stehen - z.B. als Vorspann, Anreisser.

**2 Fachbegriffe, Fremdwörter und Abkürzungen werden im Text angemessen verwendet.**

2.1 Vermeidung von Fremdwörtern

Prüfen Sie in Texten und in Formularen, ob nichtgängige Fremdwörter vermieden oder erklärt werden.

2.2 Erläuterung von Fachbegriffen

Prüfen Sie im Browserfenster, ob Fachbegriffe in angemessener Weise erläutert werden z.B. direkt im Text oder in einem Glossar.

2.3 Abkürzungen und Akronyme (Kurzformen)

Prüfen Sie in Texten und in Formularen, ob die vorhandenen Abkürzungen und Akronyme allgemein verständlich sind oder erklärt werden und ob die hierfür vorgesehenen Elemente der verwendeten Markup-Sprache eingesetzt werden

**3 Ein Glossar ist vorhanden, wenn es für die Erschließung des Inhalts eines Internetangebots hilfreich ist.**

3.1 Glossar

Prüfen Sie, ob ein Glossar vorhanden ist.

**Anmerkung:**
Der Prüfschritt ist nur dann anwendbar, wenn ein Glossar für die Erschließung des Inhalts eine deutliche Hilfe darstellt.

3.2 Erreichbarkeit des Glossars

Prüfen Sie, ob das Glossar von dort aus, wo es benötigt wird, direkt erreichbar ist.

**4 Die Lesbarkeit wird durch klaren Satzbau und klare Textgliederung unterstützt.**

### 4.1 Übersichtliche Satzstrukturen

Prüfen Sie, ob die Sätze eine dem Inhalt angemessen Satzlänge haben. Die Sätze sollten kurz sein, und verschachtelt Sätze sollten vermieden werden.

### 4.2 Aussagekräftige Überschriften

Prüfen Sie, ob die Überschriften aussagekräftig sind und den nachfolgenden Inhalt verdeutlichen.

## 5 Die Lesbarkeit wird durch die Textformatierung unterstützt.

### 5.1 Auszeichnung von Überschriften

Prüfen Sie, ob für Überschriften in strukturierten Texten Überschriftenelemente der verwendeten Markup-Sprache eingesetzt werden.

### 5.2 Verwendung von Absätzen

Prüfen Sie in der Standardansicht, ob längere Texte in inhaltliche Absätze unterteilt sind, die eine überschaubare Anzahl von Zeilen umfassen.

### 5.3 Auszeichnung von Absätzen

Prüfen Sie, ob in HTML-Dokumenten Absätze durch das P-Element gekennzeichnet sind.

### 5.4 Linksbündiger Text

Prüfen Sie, ob längere Textpassagen nicht gesperrt linksbündig und nicht im Blocksatz gestaltet sind.

### 5.5 Angemessenes Druckbild

Prüfen Sie, ob eine optimierte Druckversion vorhanden ist.

### 5.6 Ausreichender und mitskalierbarer Zeilenabstand

Prüfen Sie, ob der Zeilenabstand in Fließtexten ausreichend groß ist und bei Änderung der Schriftgröße mitskaliert wird

### 5.7 Adäquate Verwendung von Sonderzeichen

Prüfen Sie, ob Sonderzeichen (§§%&*...) in der Navigation oder als Listenzeichen entsprechend ihrer Bedeutung verwendet werden.

### 5.8 Kennzeichnung von Zitaten

Prüfen Sie, ob für Zitate die entsprechenden HTML-Elemente verwendet werden.

### 5.9 Verwendung von leicht lesbaren Schrifttypen

Prüfen Sie, ob für die Darstellung am Bildschirm deutliche Schrifttypen verwendet werden, die in der Standardansicht leicht lesbar sind.

### 5.10 Verwendung von Groß- /Kleinschreibung

Prüfen Sie, ob die Groß-/Kleinschreibung entsprechend den Regeln der Orthographie verwendet wird (also z.B. nicht für lange Überschriften oder ganze Textpassagen (als graphischer Effekt).

### 5.11 Angemessene Verwendung von Hervorhebungen

Prüfen Sie, ob die Hervorhebung von zentralen Begriffen als Strukturelement eingesetzt wird und dies die Texterschließung erleichtert.

### 5.12 Vermeidung von Kapitälchen

Prüfen Sie, ob Kapitälchen gar nicht oder allenfalls akzentuiert verwendet werden.

### 5.13 Vermeidung von Leerzeichen oder Interpunktion zur Hervorhebung

Prüfen Sie, ob keine Leerzeichen (B I E N E) oder Interpunktionen (B.I.E.N.E.) zur Hervorhebung verwendet wurden.

### 5.14 Allgemeine graphische Gestaltung der Information

Prüfen Sie, ob die graphische Gestaltung (z.B. Textfluss, Bullet Points, Textboxen) den inhaltlichen Aufbau des Textes unterstützt.

**6 Es werden vielfältige Erschließungsmöglichkeiten des Inhalts angeboten.**

6.1 Alternative Erschließungswege ergänzen den Inhalt

Prüfen Sie, ob alternative Erschießungswege des Inhalts, wie eine Guided Tour, angeboten werden oder nichtsprachliche Elemente, wie z.B. Bildergalerien, das Angebot sinnvoll ergänzen.

6.2 Angebot eines RSS-Feed

Prüfen Sie, ob ein RSS-Feed angeboten wird, wenn es die Erschließung des Internetangebots ergänzt.

**7 Die Angaben zum Anbieter und zum Zweck eines Internetangebots sind leicht auffindbar und verständlich.**

7.1 Leichte Erkennbarkeit von Anbieter und Zweck

Prüfen Sie, ob leicht und schnell erkennbar ist, wer der Anbieter ist und ob, soweit zutreffend, Angaben zum geschäftlichen Zweck vorhanden sind.

**8 Für Newsletter-E-Mails werden Standards genutzt, die in Bezug auf Barrierefreiheit anerkannt sind, oder sie werden im Nur-Text-Format verschickt.**

8.1 Zugänglichkeit von Newslettern mit Screenreader

Prüfen Sie die Lesbarkeit des Newsletters mit einem Screenreader.

## Variable Präsentation

**9 Jedem Bild, jeder Animation und jeder graphischen Repräsentation von Text ist eine angemessene textuelle Beschreibung direkt zugeordnet.**

9.1 Beschreibungen zu inhaltlichen Bildern

Prüfen Sie, ob zu allen inhaltlichen Bildern (z.B. Fotos, Logos) beschreibende Texte vorhanden sind.

9.2 Beschreibung zu Bildern mit ausschließlich dekorativem Charakter

Prüfen Sie die Beschreibung des dekorativen Bildes oder der Animation in Bezug auf Inhalt und Angemessenheit. Beachten Sie, dass einem Bild, das im Wesentlichen dekorative Aufgaben hat, höchstens eine sehr knappe Beschreibung beigefügt sein soll.

9.3 Beschreibung zu Objekten, mit denen eine Funktion verknüpft ist

Prüfen Sie, ob in Beschreibungen zu Objekten, mit denen eine Funktion verknüpft ist, diese deutlich benannt wird.

9.4 Vermeidung von Layout-Bildern

Prüfen Sie, ob Layout-Bilder vermieden werden oder ob leere alt-Attribute vorhanden sind (alt="", ohne Leerzeichen).

9.5 Textäquivalent für graphische Repräsentationen von Text

Prüfen Sie, ob für graphische Repräsentationen von Text Textäquivalente angeboten werden.

9.6 Kennzeichnung von graphischen Darstellungen als Bedienelement

Prüfen Sie, ob alle graphischen Bedien- und Navigationselemente mit äquivalenten Alternativtexten versehen sind.

9.7 Beschreibung zur Gesamtdarstellung einer Imagemap

Prüfen Sie, ob die Beschreibung bzgl. der Darstellung und Funktion der Imagemap ausreichend vorhanden ist.

9.8 Beschreibung zu den aktiven Regionen einer Imagemap

Prüfen Sie bei clientseitigen Imagemaps, ob für jede aktive Region redundante Links (wenn nötig strukturiert) zur Verfügung stehen.

**10 Signifikante Geräusche, Klänge oder akustische Signale sind mit textuellen Beschreibungen versehen.**

10.1 Beschreibungen zu akustischen Informationen

Prüfen Sie, ob Beschreibungen zu akustisch wahrnehmbaren Informationen in Bezug auf Inhalt, Symbolgehalt und

Funktion des Geräusches angemessen sind.

**Anmerkung:**
Wenn der Zeitpunkt der Aktivierung bedeutungstragend ist, ist zusätzlich zu berücksichtigen, ob dies optisch deutlich sichtbar wird.

### 11 Es wird keine Information ausschließlich durch Farbe dargestellt

11.1 Vermeidung von Informationen allein durch Farbe

Prüfen Sie, ob darauf verzichtet wird, Inhalte ausschließlich durch Farbe zu transportieren.

**Anmerkung**: Bewertet werden sowohl Hervorhebungen durch Farbwechsel als auch farbgebundene Aktionen (z.B. Aufforderung den grünen Knopf zu drücken).

### 12 Vorder- und Hintergrund sind in Bezug auf Kontraste auch bei reduzierter Farbwahrnehmung in der Standardansicht deutlich unterscheidbar. Der Inhalt muss auch in den vom Betriebssystem vorgegebenen Einstellvarianten wahrnehmbar sein.

12.1 Graustufen-Ansicht und Farbwertanalyse

Prüfen Sie in der Graustufen-Anzeige im Browserfenster, ob alle Inhalte deutlich erkennbar sind und unterziehen Sie kritische Bereiche einer Farbwertanalyse.

12.2 Wahrnehmbarkeit bei wechselndem Hintergrund

Prüfen Sie in einem Windows-Kontrastmodus, ob alle Inhalte, vor allem informative Graphiken, unabhängig von der Farbe des Hintergrunds gut sichtbar sind.

12.3 Änderbarkeit von Text- und Hintergrundfarben innerhalb der Anwendung

Prüfen Sie, ob innerhalb der Anwendung leicht auffindbare und ausreichende Optionen zur Anpassung der Farben von Text und Hintergrund vorhanden sind und ob die Standardansicht leicht wieder herstellbar ist.

### 13 Eine Skalierbarkeit der Schrift über Browser ist bei aktivierten Style Sheets oder innerhalb der Anwendung möglich.

13.1 Skalierbarkeit der Schriftgröße über die Browserfunktionalität

Prüfen Sie, ob mindestens Fließtext und Navigationselemente ausreichend vergrößert dargestellt werden und ob bei vergrößerter Ansicht die Lesbarkeit durch das Layout unterstützt wird.

13.2 Skalierbarkeit der Schriftgröße innerhalb der Anwendung

Prüfen Sie, ob eine innerhalb der Anwendung leicht auffindbare Option zur Skalierung angeboten wird.

### 14 Layout-Tabellen werden vermieden.

14.1 Keine Layout-Tabellen als Seitengerüst

Prüfen Sie, ob auf den Einsatz von Layout-Tabellen verzichtet wird.

### 15 Es gibt eine eindeutige Zuordnungsmöglichkeit von Beschriftungen zu den Kontrollelementen (z.B. Radio-Buttons) und zu Formulareingabefeldern.

15.1 Vergrößerte Ansicht: Zuordnung von Beschriftungen zu den Kontrollelementen und Eingabefeldern in Formularen

Prüfen Sie in vergrößerter Ansicht, ob eine eindeutige Zuordnung von Beschriftungen zu den Kontrollelementen und Eingabefeldern möglich ist.

15.2 Verwendung von LABEL bei Kontroll- und Eingabefeldern in Formularen

Prüfen Sie, ob die Zuordnung von Beschriftungen zu den Eingabefeldern und Kontrollelementen mit LABEL umgesetzt ist.

### 16 Zeitgesteuerte Änderungen werden vermieden oder sind durch die Nutzerin/ den Nutzer kontrollierbar.

16.1 Verzicht auf clientseitige automatische Weiterleitungen

Prüfen Sie, ob auf clientseitige automatische Weiterleitungen verzichtet wird.

16.2 Vermeidung oder Kontrollierbarkeit von periodischen Aktualisierungen

Prüfen Sie, ob periodische Aktualisierungen innerhalb einer Seite vermieden werden oder durch die Nutzerin/ den Nutzer kontrollierbar sind.

**Ausnahme:**
Prüfungssituationen, Live-Indikatoren oder Fälle, in denen überraschende Elemente grundlegend für die Anwendung sind.

### 16.3 Vermeidung von blinkenden und flackernden Elementen

Prüfen Sie, ob auf den Einsatz von blinkenden (2-50 Hz.) und flackernden Elementen verzichtet wird.

### 16.4 Vermeidung von bewegten Elementen

Prüfen Sie, ob auf den Einsatz von bewegten Inhalten verzichtet wird oder ob sie sich über eine Funktion innerhalb der Anwendung einfrieren lassen.

## Navigation

**17 Jegliche Funktion der Seite ist auch über die alleinige Verwendung der Tastatur in einer schlüssigen Reihenfolge zu erreichen, wobei die jeweils ausgewählte Funktion in der Standardansicht gut sichtbar ist.**

### 17.1 Erreichbarkeit über Tastatur

Prüfen Sie, ob alle aktivierbaren Positionen (Links, Navigationselemente, Buttons, Bilder) mit den Standardbelegungen der Tastatur zu erreichen (Tab-Taste, Pfeil-Tasten) und auszulösen sind (Enter-Taste).

**Anmerkung:**
Zur Abwertung führt, wenn durch Navigationsbewegungen Aktionen wie z.B. ein Download ausgeführt werden.

### 17.2 Schlüssige Folgen in der Bedienbarkeit über Tab-Taste

Schätzen Sie ein, ob die Reihenfolge schlüssig und nachvollziehbar ist.

### 17.3 Sichtbarkeit des Fokus

Prüfen Sie, ob der Fokus in jeder Position deutlich sichtbar ist. Berücksichtigen Sie bei der Prüfung auch die Formulare.

**Anmerkung:** Nur bei weißem oder sehr hellem Hintergrund ist die Standardeinstellung ausreichend.

**18 Accesskeys/ Shortcuts sollen nur dort eingesetzt werden, wo es für die Anwendung sinnvoll ist. Ihr Einsatz ist konsistent und transparent zu realisieren.**

### 18.1 Sinnvoller Einsatz von Accesskeys

Schätzen Sie ein, ob der Einsatz von Accesskeys sinnvoll ist, z.B. ob die Anwendung über viele sehr ähnliche Formulare oder immer wiederkehrende Funktionen verfügt, in denen Accesskeys die Bearbeitung erleichtern.

### 18.2 Konsistentes und transparentes Angebot von Accesskeys

Prüfen Sie, ob die Beschreibung zur Belegung der Accesskeys leicht auffindbar ist und ob durchgängig eine Funktion mit dem gleichen Shortcut versehen ist.

**19 Alle Elemente der Navigation sind mit verständlichen Begriffen oder Bezeichnungen versehen.**

### 19.1 Verständliche Navigation

Prüfen Sie, ob für die Navigation verständliche und treffende Begriffe verwendet werden.

### 19.2 Konsistente Benennung in der Navigation

Prüfen Sie, ob Navigationselemente, die gleich bezeichnet sind, mit der gleichen Funktion belegt sind und jede Funktion nur über eine Bezeichnung angesprochen wird.

### 19.3 Verwendung von Symbolen innerhalb der Navigation

Prüfen Sie, ob Symbole verwendet werden und ob diese die Verständlichkeit erhöhen.

**Anmerkung:**
Die verwendeten Symbole sollen aus einfachen Formen bestehen und unmittelbar erkennbar sein.

**20 Unterschiedliche Navigationsmöglichkeiten sind bei entsprechender Tiefe und Breite des Internetangebots vorhanden.**

20.1 Vorhandensein einer einfachen Suche

Prüfen Sie, ob ein einfaches Suchfeld mindestens auf der Eingangsseite vorhanden ist. Die Suche soll vorhanden sein, wenn sie die Erschließung des Internetangebots wesentlich erleichtern kann.

20.2 Leichte Auffindbarkeit einer Schnelleingabe der Suche

Prüfen Sie, ob das Schnelleingabefeld der Suche in der Standardansicht leicht auffindbar ist.

20.3 Vermeidung von weiteren Eingabefeldern in unmittelbarer Nähe der Sucheingabe

Prüfen Sie, ob weitere Eingabefelder in unmittelbarer Nähe des Sucheingabefeldes vermieden werden oder optisch deutlich getrennt gestaltet sind.

20.4 Angemessener Einsatz von Sprungmarken

Schätzen Sie ein, ob in Texten, die weit über eine Bildschirmseite reichen, Sprungmarken sinnvoll eingesetzt werden.

20.5 Bread-Crumb-Navigation

Prüfen Sie, ob eine Bread-Crumb-Navigation vorhanden ist oder ob eine ähnliche Navigation angeboten wird, die den Pfad aufzeigt.

20.6 Strukturiertes Verzeichnis

Prüfen Sie, ob ein strukturiertes Verzeichnis, z.B. ein alphabetisches Verzeichnis aller angebotenen Leistungen, hilfreich ist und als Ergänzung zur Navigation angeboten wird.

20.7 Angemessene Verwendung von Drop-Down-Menüs

Prüfen Sie, ob Drop-Down-Menüs sinnvoll eingesetzt werden.

**Anmerkung:**
Drop-Down-Menüs sollten grundsätzlich sehr sparsam eingesetzt werden. Wenn die Anzahl der Auswahlpunkte sehr gering ist, sollte auf Drop-Down-Menüs verzichtet werden. Wenn die Auswahlliste zu lang wird, sollte die Menüstruktu ebenfalls vermieden werden.

**21 Die Navigationsmechanismen sind schlüssig und nachvollziehbar.**

21.1 Konsistente und schlüssige Gestaltung der Navigation

Prüfen Sie, ob die Navigation auf jeder Seite konsistent und schlüssig gestaltet ist und sich auf jeder Seite einer inhaltlichen Einheit an der gleichen Stelle befindet.

21.2 Graphische Darstellung der Navigation

Prüfen Sie, ob die Struktur innerhalb der Navigation, bei Vorhandensein von Untermenüs visualisiert wird (z.B. durch zusätzlichen Einsatz von Farbe, Schriftgröße etc.).

21.3 Keine inhaltserschließenden Navigationskategorien ausschließlich im Fußbereich

Prüfen Sie, ob in einer Navigation im Fußbereich (technisches Menü) der Seite keine inhaltserschließenden Navigationskategorien auftreten, die nicht auch in anderen zentralen Navigationsbereichen angeboten werden.

21.4 Dem Inhalt angemessene Zahl an Navigationskategorien

Prüfen Sie, ob auf einer Ebene eine dem Inhalt angemessene Zahl an Navigationskategorien angeboten wird.

21.5 Verzicht auf rekursive Links

Prüfen Sie, ob auf rekursive Links verzichtet wird.

**Anmerkung:** Rekursive Links sind nur dann zulässig, wenn die Anwendung diese erfordert, z.B. zur Aktualisierung.

21.6 Intro-Seiten / Führungsseiten werden vermieden.

Prüfen Sie, ob Intro-Seiten vermieden werden.

**Ausnahme:**

Die Intro-Seite dient als Gabelfunktion, z.B. zur Sprachauswahl.

## 22 Sinnvolle Sprungnavigation zur Erleichterung der Navigation.

### 22.1 Gruppierung von Links

Prüfen Sie im Browserfenster, ob in langen Linklisten inhaltlich verwandte oder zusammenhängende Links gruppiert und eindeutig benannt sind.

### 22.2 Verdeckte Sprungnavigation

Prüfen Sie, ob ein Mechanismus vorhanden ist, der das unmittelbare Erreichen bestimmter Inhalts- und Navigationsbereiche ermöglicht. Sprungziele müssen knapp und aussagekräftig benannt sein, z.B. "zur Navigation", "zum Inhalt".

### 22.3 Bei Tastaturnavigation sichtbare Sprungnavigation

Prüfen Sie im Browserfenster, ob ein bei Tastaturnavigation sichtbarer Mechanismus vorhanden ist, der das unmittelbare Erreichen bestimmter Inhalts- und Navigationsbereiche ermöglicht. Sprungziele müssen knapp und aussagekräftig benannt sein, z.B. "zur Navigation", "zum Inhalt".

## 23 Links sind in ihrer Darstellung eindeutig und verfügen über sprechende Bezeichnungen, die Aufschluss über ihr Ziel geben.

### 23.1 Eindeutige Bezeichnung von Links

Prüfen Sie, ob die Bezeichnungen vollständig und eindeutig sind.
Hierzu zählt auch, dass aus der Bezeichnung von Links deutlich erkennbar ist, worauf verlinkt wird, z.B. auf ein PDF, ein Video, ein Mailprogramm.

### 23.2 Inhaltlicher Bezug von Seitentitel und Link

Prüfen Sie, ob Linkbezeichnung und Link-Ziel einen klaren inhaltlichen Bezug zueinander haben.

### 23.3 Unterstreichungen für Links

Prüfen Sie, ob Unterstreichungen ausschließlich für Links verwendet werden.

### 23.4 Unterscheidbarkeit von nicht besuchten und besuchten Links

Prüfen Sie, ob besuchte Links optisch eindeutig unterscheidbar von nicht besuchten sind.

### 23.5 Ankündigung neu öffnender Fenster

Prüfen Sie, ob vor oder im Link angekündigt wird, wenn mit dem Link ein neues Fenster geöffnet wird

### 23.6 Deutlich getrennte Links

Prüfen Sie, ob Links bei Maussteuerung - auch mit Eingabealternativen - sicher getroffen werden können.

## 24 Fenstertitel und Seitentitel sind eindeutig und erklärend und sie beziehen sich aufeinander.

### 24.1 Verständliche Fenstertitel

Prüfen Sie in der Titelleiste des Fensters, ob der Fenstertitel verständlich ist, ohne Kontext verstanden werden kann und der wesentliche Inhalt vorne steht.

**Anmerkung:**
Positiv wird bewertet, wenn ein treffender Inhaltsbegriff gegeben wird. Negativ wird eine URL-Angabe bewertet.

### 24.2 Fenster- und Seitentitel beziehen sich aufeinander

Prüfen Sie anhand der Eingangsseite und einer beliebigen Themenseite, ob Fenster- und Seitentitel sich aufeinander beziehen.

## 25 Zur Darstellung von Listen und Listenelementen werden die hierfür vorgesehenen Elemente der verwendeten Markup-Sprache eingesetzt.

### 25.1 Logische Gruppierung innerhalb von Drop-Down-Menüs

Prüfen Sie im Browserfenster, ob Listen, die SELECT verwenden, auch OPTGROUP verwenden, wenn es vom Umfang der Liste her sinnvoll ist.

## 25.2 Nummerierte Listen

Prüfen Sie im Browserfenster, ob bei der Auflistung von Begriffen vorzugsweise arabische Ziffern (statt z.B. Buchstaben oder römische Zahlen) als Ordnungsbegriff verwendet werden, wenn dies die Übersicht und Orientierung erleichtert und diese Darstellung für den Anwendungsbereich üblich ist.

## 25.3 Auszeichnung der Listen

Prüfen Sie, ob Listen und Listenelemente mit den korrekten Markup-Elementen UL, OL oder DL ausgezeichnet sind.

## 26 Erweiterte Suchfunktionen sind vorhanden, und umfangreiche Trefferlisten sind komfortabel nutzbar.

### 26.1 Verschiedene Suchoptionen

Prüfen Sie, ob verschiedene Suchoptionen angeboten werden, z.B. erweiterte Suche, Auswahl aus Liste, Volltextsuche, Stich-/ Schlagwortsuche.

**Anmerkung:**
Der Prüfschritt ist nur anwendbar, wenn der Inhalt entsprechend komplex ist.

### 26.2 Fehlerfreundliche Suche

Prüfen Sie, ob eine fehlerfreundliche Suche angeboten wird.

**Beispiel**: Angebot von alternativen Begriffen z.B. bei Tippfehlern

### 26.3 Suche: Anpassbarkeit der Trefferliste

Prüfen Sie, ob die Präsentation der Suchergebnisse einstellbar ist (Art und Umfang der Suchergebnisse, z.B. Anzahl in der Trefferliste).

### 26.4 Suche: Beschreibung der Treffer

Prüfen Sie, ob in der Trefferliste Beschreibungen zu den Treffern vorhanden sind, wenn die Treffer selbst nicht selbsterklärend sind.

### 26.5 Hilfestellung zu erfolglosem Suchergebnis

Prüfen Sie, ob die Nutzerin / der Nutzer über ein erfolgloses Suchergebnis informiert wird und angemessene Hilfestellung erhält.

### 26.6 Einfach nutzbare Archive

Prüfen Sie, ob das Archiv in Bezug auf Eingabe des Suchbegriffs, die thematische Eingrenzung, Eingabe des Zeitraums, Ausgabe des Ergebnisses einfach nutzbar ist.

## 27 Eine Inhaltsübersicht ist vorhanden, wenn sie in Bezug auf Tiefe und Breite des Angebots eine geeignete Orientierungshilfe darstellt.

### 27.1 Angebot einer Inhaltsübersicht

Prüfen Sie, ob es ein Inhaltsverzeichnis / eine Übersicht gibt. **Anmerkung:** Der Prüfschritt ist nur anwendbar, wenn hierdurch eine deutliche Unterstützung zur Erschließung des Internetangebots gegeben ist.

### 27.2 Erreichbarkeit der Inhaltsübersicht

Prüfen Sie, ob das Inhaltsverzeichnis von der Hauptseite aus direkt erreichbar ist.

### 27.3 Graphische Darstellung der Inhaltsübersicht

Prüfen Sie, ob die graphische Gestaltung die Struktur unterstützt.

### 27.4 Benennung der Inhaltsübersicht

Prüfen Sie, ob das Inhaltsverzeichnis mit Inhalt, (Inhalts-)Übersicht oder Inhaltsverzeichnis benannt ist. Die Bezeichnung Sitemap sollte nicht verwendet werden.

## 28 Bei komplexen Dienstleistungen besteht ein Hilfe-Angebot

### 28.1 Hilfefunktion

Prüfen Sie, ob eine Hilfefunktion Hintergrundinformationen zur Nutzung des Angebots bietet.

# Struktur / Aufbau des Internetangebots

**29 Inline Java Script wird vermieden.**

29.1 Vermeidung von Inline Java Script

Prüfen Sie, ob Java Script Elemente ausgelagert sind.
Ausnahme: Event-Handler

**30 Inhalt und Layout sind getrennt.**

30.1 Verwendung von Style Sheets

Prüfen Sie, ob die Formatierung nicht mit FONT, COLOR und anderen veralteten HTML-Attributen und Elementen erfolgt, die keine Trennung von Inhalt und Layout erlauben, sondern mit Style Sheets.

30.2 Wahrnehmbarkeit bei deaktivierten Autoren-Style Sheets

Deaktivieren Sie die Style Sheets und prüfen Sie, ob die linearisierte Darstellung vollständig und wahrnehmbar ist. Beachten Sie insbesondere, ob die Farbkontraste weiterhin ausreichend sind.

**31 Frames werden ausschließlich barrierefrei eingesetzt.**

31.1 Angemessener Einsatz von Frames

Prüfen Sie, ob Frames nicht ausschließlich zu Layoutzwecken eingesetzt werden, sondern einen erkennbaren Nutzen für die Anwendung bringen.

31.2 Benennung der Frames

Prüfen Sie, ob alle Frames sprechende und eindeutige Bezeichnungen haben und so jeweils den Inhalt bzw. Zweck beschreiben.

31.3 Relative Größenangaben in Frames

Prüfen Sie, ob Frames über Prozentangaben definiert werden.

31.4 Scrollbalken in Frames

Prüfen Sie, ob bei vergrößerter Darstellung der gesamte Inhalt ggf. über Scrollbalken zugänglich ist.

**32 Relevante Inhalte sind auch bei geringer Bildschirmauflösung sichtbar.**

32.1 Vermeidung von horizontalem Scrollen

Prüfen Sie, ob auf der Eingangsseite bei einer Auflösung von 800x600 kein horizontales Scrollen notwendig ist.

32.2 Wichtige Navigationselemente bleiben bei geringer Auflösung sichtbar

Prüfen Sie, ob wichtige Navigtionselemente bei einer Auflösung von 800x600 im sichtbaren Bereich der Seite angeordnet sind.

**33 Alternativ-Versionen für eingegrenzte Bereiche sind leicht bedienbar.**

33.1 Leicht auffindbarer Wechsel zur Alternativ-Version für eingegrenzte Bereiche

Schätzen Sie ein, ob die Option zum Wechseln im oberen Bereich des Fensters leicht auffindbar ist.

33.2 Wechsel zwischen Einstiegs- und Alternativ-Version für eingegrenzte Bereiche

Prüfen Sie, ob Sie zwischen der Alternativ-Version und der Einstiegsversion hin- und her wechseln können.

# Kompatibilität

**34 Eine Validierung von Dokumenten, die durch Markup-Sprachen erstellt wurden, ist gegen veröffentlichte formale W3C-Grammatiken möglich.**

34.1 Prüfung der !document-type-declaration

Prüfen Sie, ob eine !document-type-declaration vorhanden ist, sofern sie nach W3C-Empfehlungen benötigt wird. Sie soll sich auf eine veröffentlichte DTD beziehen.

34.2 HTML Prüfung auf Einhaltung der W3C-Spezifikation

Prüfen Sie den Quelltext mit dem W3C-Validator auf Einhaltung der W3C-Spezifikation.

34.3 CSS Prüfung auf Einhaltung der W3C-Spezifikation

Prüfen Sie den Quelltext mit dem W3C-Validator auf Einhaltung der W3C-Spezifikation.

## 35 Die für die Inhalte des Internetangebots verwendete Hauptsprache der HTML-Dokumente ist gekennzeichnet, und Sprachwechsel sind gekennzeichnet.

35.1 Kennzeichnung der verwendeten Hauptsprache

Prüfen Sie, ob die hauptsächlich verwendete Sprache als solche gekennzeichnet ist.

35.2 Kennzeichnung von Sprachwechseln

Überprüfen Sie, ob Sprachwechsel gekennzeichnet sind.

**Anmerkung:**
Nicht ausgezeichnet werden müssen Fremdwörter, bei denen eine deutsche Aussprache üblich ist, z.B. Navigation.

## 36 Programmierte Elemente (insbesondere Scripts und Applets) sind zugänglich für assistive Technologien.

36.1 Für Screenreader zugängliche Scripts oder Applets

Prüfen Sie mit dem Screenreader JAWS, ob Elemente, die durch Scripts oder Applets realisiert sind, zugänglich sind.

## 37 Das Internetangebot ist auch bei deaktivierten programmierten Elementen und Applets zugänglich.

37.1 Wahrnehmbarkeit von optisch oder akustisch realisierten Inhalten bei deaktivierten programmierten Elementen und Applets.

Prüfen Sie, ob alle wesentlichen Inhalte der Seite auch bei deaktivierten Applets und programmierten Elementen wahrnehmbar sind.

37.2 Bedienbarkeit bei deaktivierten programmierten Elementen und Applets.

Prüfen Sie, ob die Seite auch bei deaktivierten programmierten Elementen und Applets bedient werden kann.

## 38 Die Darstellung des Internetangebots ist mit gängigen Browsern vollständig.

38.1 Darstellung in der aktuellen Version von Firefox

Prüfen Sie mit Firefox , ob die Eingangsseite und zwei weitere Seiten benutzbar sind. (Ist die Navigation benutzbar? Ist die Suche benutzbar?)

38.2 Darstellung in der aktuellen Version von Opera

Prüfen Sie mit Opera, ob die Eingangsseite und zwei weitere Seiten benutzbar sind. (Ist die Navigation benutzbar? Ist die Suche benutzbar?)

38.3 Darstellung in der aktuellen Version von Mac Safari

Prüfen Sie mit Mac Safari, ob die Eingangsseite und zwei weitere Seiten benutzbar sind. (Ist die Navigation benutzbar? Ist die Suche benutzbar?)

## Fehlerhandling und Hilfe in Formularen

## 39 Eine unaufdringliche Unterstützung bei der Daten-Eingabe in Formularen wird angeboten.

39.1 Zusatzinformationen zu Eingaben

Prüfen Sie, ob es Informationen darüber gibt, welche Eingaben/ Interaktionen zulässig sind (z.B. TTMMJJJJ für ein Datumsfeld).

39.2 Kennzeichnung von Pflichteingaben vor der Eingabe

Prüfen Sie im Browserfenster und mit dem Screenreader, ob Pflichteingaben vor der Eingabe deutlich erkennbar gekennzeichnet sind.

### 39.3 Unterscheidbarkeit von Eingabefeldern und Datenfeldern

Prüfen Sie in der Graustufen-Anzeige, ob durch Kontraste deutlich wird, wenn keine Eingaben möglich sind.

### 39.4 Barrierefreie Gestaltung von interaktiven Formularen

Prüfen Sie mit einem Screenreader, ob in Formularen, in denen clientseitige Scripte zum Einsatz kommen, die Bedienbarkeit und Orientierung gewährleistet sind.

### 39.5 Prüfung auf unrealistische Eingaben

Prüfen Sie, ob Eingaben beim Absenden des Formulars auf Fehler überprüft werden.

### 39.6 Visualisierung der eingegebenen Daten

Prüfen Sie, ob die Nutzerin / der Nutzer vor dem Absenden der Daten eine Visualisierung erhält, wenn die Auswirkungen einer Interaktion folgenschwer sind.

## 40 Dynamisch erzeugte Rückmeldungen erfolgen unmittelbar, sind konsistent und leicht verständlich.

### 40.1 Dynamisch erzeugte Rückmeldungen sind zugänglich

Prüfen Sie mit einem Screenreader und im Browserfenster im Vergleich, ob alle Rückmeldungen zugänglich sind.

### 40.2 Konsistente Rückmeldungen

Prüfen Sie anhand mehrerer Fehleingaben, ob die Rückmeldungen in konsistenter Weise erscheinen.

### 40.3 Hilfen zur Fehlerkorrektur

Prüfen Sie, ob konstruktive und leicht verständliche Vorschläge zur Korrektur von Fehlern gegeben werden und die Fehlermeldung sinnvoll mit der Fehlerlösung verknüpft ist.

### 40.4 Darstellung und Hinweis auf Eingabe-Ort des Fehlers

Prüfen Sie, ob im Formular auf den Eingabe-Ort des Fehlers hingewiesen wird und ob diese Information nicht über Farbe allein dargestellt wird.

### 40.5 Korrekturvorschläge aus einer Liste

Prüfen Sie, wenn es vom Inhalt her angemessen ist, ob für fehlerhafte Eingaben eine Auswahl an Korrekturvorschlägen aus einer Liste angeboten wird.

## 41 Selbstöffnende Fenster (z.B. Pop-Ups) mit Hilfs- und Fehlermeldungen werden angemessen verwendet und sind über die gängigen Mechanismen leicht schließbar.

### 41.1 Angemessenheit von selbstöffnenden Fenstern zur Fehlermeldung

Schätzen Sie ein, ob die Anzahl und die Häufigkeit des Einsatzes von selbstöffnenden Fenstern zur Fehlermeldung angemessen ist.

## 42 Leicht zugängliche Hilfen zur inhaltlichen Vorgehensweise werden angeboten.

### 42.1 Erreichbarkeit der Hilfen

Prüfen Sie, ob angemessene Hilfen, die sich auf die Vorgehensweise beziehen, an jeder Stelle der Bearbeitung aufgerufen werden können.

## 43 Werden Hilfen/ Zusatzoptionen aktiviert, bleiben diese angezeigt, bis sie deaktiviert werden (z.B. Hilfen bei hoher inhaltlicher Komplexität von Formularen, Vorgehensbeschreibungen).

### 43.1 Angebot von Hilfen

Prüfen Sie, ob Hilfen/ Zusatzoptionen, die für die weiteren Arbeitsschritte eine Unterstützung anbieten, im separaten Fenster angezeigt bleiben, bis sie von dem Nutzer/ der Nutzerin deaktiviert werden.

## Komplexe Formulare

**44 Alle Elemente eines komplexen Formulars sind mit verständlichen Begriffen, Bezeichnungen oder Abkürzungen versehen.**

44.1 Verständliche Begriffe und Bezeichnungen in komplexen Formularen

Prüfen Sie, ob in einem Formular alle Elemente mit verständlichen Begriffen/ Bezeichnungen versehen sind.

44.2 Verständliche Abkürzungen in komplexen Formularen

Prüfen Sie, ob in einem Formular Abkürzungen so verwendet werden, dass alles verständlich bleibt, und ob gängige Abkürzungen vor dem ersten Auftreten eingeführt werden.

**45 Für komplexe Formulare wird, wenn es für den Vorgang angemessen ist, eine Alternative zur elektronischen Formularbearbeitung angeboten**

45.1 Gutes Druckbild von komplexen Online-Formularen

Prüfen Sie, ob der Ausdruck der Formulare vollständig und übersichtlich ist.

**Anmerkung:** Wenn vorhanden, wird die optimierte Druckversion bewertet.

45.2 Leichte Auffindbarkeit der Postadresse oder Faxnummer beim Angebot von PDF-Formularen

Prüfen Sie, ob eine Postadresse / Faxnummer leicht auffindbar angegeben ist, an die das ausgefüllte PDF-Formular geschickt werden kann.

**46 In komplexen Formularen sind die inhaltlichen Bereiche gruppiert und als solche für alle leicht erkennbar.**

46.1 Logische Einheiten von Formularbereichen

Prüfen Sie im Browserfenster, ob Formularbereiche zu logischen Einheiten sichtbar gruppiert sind.

46.2 Logische Einheiten von Formularbereichen bleiben bei Vergrößerung erhalten

Prüfen Sie in vergrößerter Ansicht, ob inhaltlich zusammengehörende Daten, die miteinander verglichen oder verknüpft werden sollen, auf einem Bildschirm dargestellt werden

46.3 Prüfung auf FIELDSET und LEGEND

Prüfen Sie, ob logisch gruppierte Einheiten in einem Formular mit FIELDSET und LEGEND umgesetzt sind.

46.4 Seitenzahlen zur Orientierung im Gesamtformular

Prüfen Sie, ob in umfangreichen Formularen, die über mehrere Seiten angelegt sind, erkennbar ist, auf welcher Seite man sich befindet und, wenn möglich, wie viele noch folgen.

**47 Innerhalb von komplexen Formularen sind Zeitbegrenzungen beim Lesen, bei Interaktionen, Eingaben und Antworten großzügig bemessen, von der Nutzerin/ vom Nutzer frei einstellbar oder ausschaltbar.**

47.1 Zeitbegrenzung bei der Bearbeitung von komplexen Formularen

Prüfen Sie beim Ausfüllen eines Formulars, ob ein Zeitlimit ausreichend bemessen ist oder ob es von der Nutzerin/ dem Nutzer kontrollierbar ist.

**48 In komplexen Formularen auf einer Bildschirmseite sind die Bearbeitungsschritte ohne großen Aufwand hinsichtlich der Positionierbewegungen und des Auffindens möglich.**

48.1 Angemessene Mausnavigation in komplexen Formularen

Prüfen Sie, ob innerhalb des Formulars die Abstände ausreichend sind oder evtl. ein angemessenes Umfeld miteinbezogen wird, damit Felder und Eingabepositionen mit der Maus leicht erreicht werden

48.2 Angemessene Tastaturnavigation in komplexen Formularen

Prüfen Sie, ob innerhalb des Formulars Felder und Eingabepositionen mit der Tastatur (Tab-Taste) leicht erreicht werden können und ob die Reihenfolge sinnvoll ist.

48.3 Konsistente Gestaltung von komplexen Formularen

Prüfen Sie, ob die Formulare in ihrer Gestaltung und ihren Bedienfunktionen ähnlich gestaltet sind.

**49 Wiederkehrende Eingaben, z.B. im Rahmen eines One-Stop-eGovernment-Angebots in komplexen Formularen, können einfach abgespeichert und beim erneuten Aufruf des Formulars genutzt werden.** A12

49.1 Angebot einer leicht handhabbaren Speicherfunktion

Prüfen Sie, ob für wiederkehrende Eingaben eine leicht handhabbare Speicherfunktion vorhanden ist.

**Komplexe Transaktionen sowie Shops und Warenkorb-/ Bezahlfunktionen**

**50 Accessibility-APIs werden unterstützt, wenn sie vorhanden sind. Accessibility-Features werden genutzt.**

50.1 Bei Java-Nutzung Verwendung der aktuellen Version der Java Accessibility API

Prüfen Sie, ob in die Java-Anwendung die Java-API eingebunden wurde.

**51 Wenn digitale Signaturen eingesetzt werden, sind alle Dialoge auch für Screenreader zugänglich.**

51.1 Zugänglichkeit bei Installation

Prüfen Sie, ob die Installationsroutinen für einen Screenreader (JAWS) zugänglich sind.

51.2 Zugänglichkeit innerhalb der Signaturanwendung

Prüfen Sie, ob alle Formularfelder und alle Informationen, die für die Anwendung wichtig sind, mit dem Screenreader wahrnehmbar sind.

51.3 Zugängliche Dialoge über das Kartenlesegerät

Prüfen Sie, ob Dialoge, die am Kartenlesegerät ausgegeben werden, über den Bildschirm wahrnehmbar und damit auch für den Screenreader zugänglich sind.

51.4 Zugängliche ergänzende Anwendungen

Prüfen Sie, ob Software-Angebote, die die Anwendung ergänzen, wie z.B. ein Zertifikatsmanager, mit einem Screenreader zugänglich sind.

51.5 Mit Tastatur bedienbare ergänzende Anwendungen

Prüfen Sie, ob Software-Angebote, die die Anwendung ergänzen, wie z.B. ein Zertifikatsmanager, mit der Tastatur bedienbar sind.

**52 Anmelde- oder Bestätigungsprozesse sind barrierefrei zugänglich.**

52.1 Vermeidung von Captchas

Prüfen Sie, ob Captchas vermieden werden und ob barrierefreie alternative Bearbeitungswege angeboten werden.

**53 Wiederkehrende Eingaben in einer Shopanwendung, z.B. Kundenprofil, können einfach abgespeichert und beim erneuten Aufruf genutzt werden.**

53.1 Angebot einer leicht handhabbaren Speicherfunktion

Prüfen Sie, ob für wiederkehrende Eingaben eine leicht handhabbare Speicherfunktion vorhanden ist.

**54 Das Online-Angebot bietet transparente Preisinformationen.**

54.1 Kennzeichnung der Nutzung gegen Entgelt

Prüfen Sie, ob ausreichend und deutlich gekennzeichnet ist, dass die Nutzung eines digitalen Dienstes gegen Entgelt angeboten wird.

54.2 Linearisierbarkeit der Preisinformationen

Prüfen Sie mit dem Screenreader, ob die Preisinformationen vollständig und deutlich wahrnehmbar sind.

54.3 Verständliche Preisinformation

Prüfen Sie, ob leicht verständlich und rechtzeitig erkennbar ist, wie hoch der Gesamtpreis und ggf. die einzelnen Preisbestandteile sind.

54.4 Verständlichkeit der Zusatzkosten

Prüfen Sie, ob aus den Geschäftsbedingungen leicht verständlich hervorgeht, wie Liefer- und Versandkosten sowie Einzelheiten hinsichtlich der Zahlung, der Lieferung und ggf. der Warenrückgabe gehandhabt werden. A13

### 54.5 Angabe der Preisinformationen vor Formularversand

Prüfen Sie mit dem Screenreader, ob die Informationen zu ggf. anfallenden Kosten VOR dem Absenden von Formularen deutlich wahrnehmbar ist.

### 54.6 Korrekturmöglichkeiten im virtuellen Warenkorb

Prüfen Sie mit dem Screenreader, ob vor Abschicken einer Bestellung die Gesamtbestellung mit den Einzelkomponenten deutlich wahrnehmbar ist und ob versehentlich angeklickte Waren aus dem virtuellen Warenkorb leicht entfernt werden können.

## 55 Bei Bestellvorgängen werden unterschiedliche Bezahlfunktionen angeboten.

### 55.1 Angebot unterschiedlicher Bezahlfunktionen

Prüfen Sie, ob unterschiedliche Bezahlfunktionen angeboten werden, von denen eine nicht elektronisch ist (z.B. Bezahlung auf Rechnung, per Überweisung).

## 56 Zugängliche und leicht auffindbare Informationen zu den Allgemeinen Geschäftsbedingungen werden angeboten, wenn diese gesetzlich gefordert werden.

### 56.1 Zugängliche und leicht auffindbare AGBs

Prüfen Sie im Browserfenster und mit dem Screenreader, ob die Allgemeinen Geschäftsbedingungen leicht auffindbar und von der Eingangsseite und aus dem Shop-Modul heraus erreichbar sind.

## 57 Das Online-Angebot bietet transparente, zugängliche und leicht auffindbare Informationen zum Widerspruchsrecht.

### 57.1 Zugängliche und leicht auffindbare Angaben zum Widerspruchsrecht

Prüfen Sie im Browserfenster und mit dem Screenreader, ob eine deutliche und leicht verständliche Belehrung über das Widerrufsrecht auf dem Bestellformular (oder von dort aus aufrufbar) angeboten wird. Die Anschrift und die Möglichkeit zu telefonischer Rückfrage im Falle eines Widerrufs oder einer Fehllieferung sollen leicht auffindbar sein.

### 57.2 Zugänglichkeit der Empfangsbestätigung

Prüfen Sie, ob nach einer Bestellung leicht verständlich erklärt wird, wohin und wann eine Empfangsbestätigung zugestellt wird und ob dies auch mit dem Screenreader deutlich wahrgenommen werden kann.

## 58 Vor der Ausführung von Befehlen mit großer Tragweite wird zunächst eine Bestätigungsanfrage gestellt (z.B. beim Abschicken einer Bestellung).

### 58.1 Bestätigungsanfrage

Prüfen Sie im Browserfenster, ob vor der Ausführung von Befehlen mit großer Tragweite zunächst eine Bestätigungsanfrage gestellt wird.

**Beispiel:**
Ungesicherte Übertragung von sensiblen Daten, Abschluss eines Auftrags, Abschicken einer Bestellung, Download großer Datenmengen

## 59 Bei Wartezeiten wird ein barrierefreies Feedback über den Zustand des Systems gegeben.

### 59.1 Live-Indikator

Prüfen Sie, ob ein Live-Indikator oder Fortschrittsbalken Informationen über den Zustand des Systems gibt - wenn die Wartezeit über 15 Sekunden liegt. Dies kann auch durch ein Pop-Up-Fenster mit Hinweis auf Bitte um Geduld erfolgen

## Datenschutz

## 60 Wenn persönliche Daten übermittelt werden, liegen die notwendigen Informationen zum Datenschutz zugänglich und leicht auffindbar vor.

### 60.1 Zugängliche und leicht auffindbare Datenschutzbestimmungen

Prüfen Sie in der Standardansicht und mit dem Screenreader, ob eine Information über das Ob und Wie der Datenerhebung, Verarbeitung und Nutzung personenbezogener Daten VOR den Eingabefeldern erfolgt.

60.2 Korrekturmöglichkeit der eingegebenen persönlichen Daten

Prüfen Sie mit dem Screenreader, ob das Angebot die Möglichkeit bietet, die erhobenen persönlichen Daten einzusehen und zu korrigieren. (z.B. Login-Daten, Kundendaten)

## Werbung

**61 Es ist erkennbar, dass es sich um Werbung handelt, und jedes graphische Element verfügt über eine angemessene textuelle Beschreibung.**

61.1 Position und Kennzeichnung von Werbeblöcken

Prüfen Sie, ob Werbung eindeutig und unmittelbar als solche erkennbar ist. Werbeblöcke sollen die Orientierung im Inhalt nicht nachhaltig stören.

61.2 Textuelle Beschreibung zu Werbeinhalten

Prüfen Sie mit einem Screenreader, ob bei Werbeinhalten deutlich wird, dass es sich um Werbung handelt. Hinweis: Dies kann z.B. über eine Kennzeichnung geschehen, dass ein Werbeblock folgt.

**62 Selbstöffnende Fenster (z.B. Pop-Ups, Pop-Unders) die sich ohne unmittelbare Nutzerinteraktion öffnen, werden vermieden.**

62.1 Vermeidung von selbstöffnenden Fenstern (z.B. Pop-Ups, Pop-Unders)

Prüfen Sie, ob selbstöffnende Fenster, die sich ohne unmittelbare Nutzerinteraktion öffnen, vermieden werden.

**Anmerkung:** Eine Ausnahme bilden Fenster, die Fehlermeldungen enthalten.

## Downloads und Formularsammlungen

**63 Ein einfacher und barrierefreier Umgang mit Downloads ist möglich.**

63.1 Größenangabe des Downloads

Prüfen Sie, ob klar erkennbar ist, wie groß die Download-Datei ist.

63.2 Aussagekräftige Benennung der Downloads

Prüfen Sie, ob vorhandene Downloads aussagekräftige Benennungen haben.

63.3 Beschreibungen zu Downloads, wenn angemessen

Prüfen Sie, ob den Downloads Beschreibungen beigefügt sind, die Auskunft über den Inhalt der Datei geben, wenn es dem Inhalt angemessen ist.

63.4 Zugängliche PDF-Dokumente oder Angebot einer zugänglichen Alternative

Prüfen Sie das PDF-Dokument mit Hilfe des Adobe Accessibility Checkers auf seine Struktur und ob eine Sprachauszeichnung vorhanden ist. Prüfen Sie ggf., ob eine (HTML-/txt-, ...) Alternative zum PDF angeboten wird.

**64 Das Angebot einer Formularsammlung kann einfach und barrierefrei genutzt werden.**

64.1 Auffindbarkeit der Formularsammlung

Prüfen Sie, ob die Formulare der Formularsammlung von der Eingangsseite aus leicht auffindbar sind.

64.2 Interne Organisation der Formularsammlung

Prüfen Sie, ob die interne Organisation der Formularsammlungleicht nachvollziehbar ist und die Kundenperspektive wiedergibt

64.3 Alternative Erschließung der Formularsammlung

Prüfen, Sie, ob bei angemessener Komplexität alternative Erschließungsoptionen angeboten werden (alphabetische Ordnung, Suchfunktion).

## Statistiken / Datentabellen

## 65 Für komplexe Datentabellen werden Zusammenfassungen angeboten.

### 65.1 Prüfung auf CAPTION,SUMMARY oder Hn

Prüfen Sie, ob eine angemessene Überschrift oder Zusammenfassung für die gesamte Tabelle vorhanden ist.

### 65.2 Prüfung der Tabellenstruktur

Prüfen Sie, ob für die Tabellenstruktur HEADERS und ID und ggf. ABBR oder SCOPE verwendet wird.

### 65.3 Prüfung auf THEAD, TFOOT und TBODY

Prüfen Sie, ob in langen Tabellen zur Gruppierung von Zeilen durchgängig THEAD, TBODY ggf TFOOT verwendet werden.

### 65.4 Prüfung auf COL und COLGROUP

Prüfen Sie, ob in mehrdimensionalen Tabellen zur Gruppierung der Spalten durchgängig COL und COLGROUP verwendet werden.

## 66 Zu Datentabellen wird zusätzlich eine graphische Darstellung angeboten, wenn dies das Verständnis des Inhalts erleichtert.

### 66.1 Graphische Darstellung von Daten

Schätzen Sie ein, ob eine graphische Darstellung von tabellarischen Inhalten angemessen ist. Wenn eine graphische Darstellung vorhanden ist, schätzen Sie den Informationswert ein.

# Komplexe Dokumente

## 67 Ein leichter Umgang mit inhaltlich zusammenhängenden Dokumenten ist möglich.

### 67.1 Für in Einzelteilen angebotene Dokumente ist eine komplette Zusammenfassung vorhanden

Prüfen Sie im Browserfenster, ob Zusammenstellungen inhaltlich zusammenhängender Dokumente bereitgestellt werden, sofern diese Dokumente getrennt angeboten werden.

**Beispiel:**
Ein wissenschaftlicher Aufsatz wird kapitelweise auf einzelnen Seiten angeboten und als kompletter Download.

### 67.2 Sinnvolle Verlinkung zusammengestellter Dokumente

Prüfen Sie im Browserfenster, ob zusammengestellte Dokumente sinnvoll miteinander verlinkt sind.

### 67.3 Komfortables Druckbild komplexer Dokumente

Prüfen Sie im Browserfenster, ob eine zum Ausdrucken optimierte Version des komplexen Dokuments vorhanden ist.

## 68 Die Textgestaltung bzgl. Layout, Gliederung, Aussagekraft ermöglicht eine leichte Orientierung innerhalb komplexer Dokumente.

### 68.1 Auszeichnung von Überschriften in komplexen Dokumenten

Prüfen Sie, ob für Überschriften in strukturierten Texten Überschriftenelemente der verwendeten Markup-Sprache eingesetzt werden.

### 68.2 Verwendung von Absätzen in komplexen Dokumenten

Prüfen Sie in der Standardansicht, ob längere Texte in inhaltliche Absätze unterteilt sind.

### 68.3 Auszeichnung von Absätzen in komplexen Dokumenten

Prüfen Sie, ob Absätze durch das P-Element in HTML-Dokumenten gekennzeichnet sind.

### 68.4 Kennzeichnung von Zitaten in komplexen Dokumenten

Prüfen Sie, ob für Zitate die entsprechenden HTML-Elemente verwendet werden.

### 68.5 Allgemeine graphische Gestaltung der Information in komplexen Dokumenten

Prüfen Sie, ob die graphische Gestaltung (z.B. Textfluss, Bullet Points, Textboxen) den inhaltlichen Aufbau des Textes unterstützt.

## Multimedia / Spiele / Videos / Animationen

**69 Zu komplexen Animationen ist eine Beschreibung vorhanden. Die Ausführlichkeit richtet sich nach Zweck und Bedeutung der Animation auf der Seite.**

69.1 Beschreibungen zu komplexen Animationen

Prüfen Sie, ob zu komplexen Animationen (Flash, JavaScript) eine Beschreibung vorhanden ist, in der die Funktion der Animation wiedergegeben wird. Die Ausführlichkeit der Beschreibung soll der Relevanz der Animation entsprechen.

**70 Die Äquivalente zu dynamisch generierten Animationen werden bei jeder Änderung aktualisiert, soweit sinnvoll.**

70.1 Prüfen Sie, ob die Äquivalente bei jeder relevanten Änderung der dynamisch generierten Animationen entsprechend aktualisiert werden.

Prüfen Sie, ob bei Interaktion mit der Seite der Inhalt jeweils aktualisiert wird und ob die Beschreibungen zu den graphischen Repräsentationen angemessen sind.

**71 Bei Einsatz von Video zur Übermittlung von Informationen wird eine nicht visuelle Alternative bereitgestellt.**

71.1 Einsatz von Transkripten und Deskriptionen bei Video-Elementen

Prüfen Sie im vom Format abhängigen Video-Player, ob es zum Video eine zugängliche Beschreibung gibt, die die wesentlichen Informationen enthält.

**72 Bei Einsatz von Audio zur Übermittlung von Informationen wird eine nicht auditive Alternative bereitgestellt.**

72.1 Einsatz von Transkripten und Deskriptionen bei Audio-Elementen

Prüfen Sie, ob Beschreibungen zu akustisch wahrnehmbaren Informationen vorhanden sind und ob diese in Bezug auf Inhalt und Funktion des Audio-Elements angemessen ist.

**73 Für Multimedia-Präsentationen werden geeignete Protokolle verwendet, die Untertitelung ermöglichen.**

73.1 Einsatz von SMIL, SAMI

Prüfen Sie, ob SMIL oder SAMI verwendet wird.

**74 Wenn für begrenzte Bereiche innerhalb des Internetangebots programmierte Einheiten eingesetzt werden, werden Accessibility APIs unterstützt und Accessibility-Features genutzt.**

74.1 Einsatz von Java

Prüfen Sie, ob in die Java-Application die Java-API eingebunden wurde.

74.2 Direkte Zugänglichkeit von Flash-Elementen oder Angebot von alternativen Beschreibungen bei Flash-Nutzung

Prüfen Sie, ob bei Flash-Einsatz die Inhalte direkt zugänglich sind oder zu Flash-Elementen ausreichende Beschreibungen angeboten werden.

**75 Vorder- und Hintergrundgeräusche sind in Bezug auf Kontraste auch bei reduzierter Hörfähigkeit deutlich unterscheidbar.**

75.1 Unterscheidbarkeit von Vorder- und Hintergrundgeräuschen

Prüfen Sie, ob auf der Seite Geräusche erzeugt werden können oder vorhanden sind und stellen Sie fest, ob Vorder- und Hintergrundgeräusche klar unterscheidbar sind.

**Anmerkung:**
Dieser Prüfschritt berücksichtigt die Anforderungen von Menschen mit Höreinschränkung oder ADS.

## Gebärdensprach-Filme

**76 Gebärdensprach-Filme sind technisch so aufbereitet, dass eine einwandfreie visuelle Wahrnehmung gegeben ist.**

A17

76.1 Bildgröße von Gebärdensprach-Filmen

Prüfen Sie, ob die Bildgröße für Analog/ISDN mindestens 240x180 und für Breitband mindestens 320 x 240 Pixel beträgt.

76.2 Flüssige Bildfolge von Gebärdensprach-Filmen

Prüfen Sie, ob mindestens 15 Bilder pro Sekunde erscheinen. Die Bilder müssen flüssig laufen und dürfen keine ruckartigen Bewegungen haben.

76.3 Übertragungsdaten für Gebärdensprach-Filme

Prüfen Sie, ob die Bit-/ Datenrate für Analog/ISDN mindestens 58 KBits/s und für Breitband mindestens 240 KBits/s beträgt.

**77 Die Präsentation der Gebärdensprache in Gebärdensprach-Filmen erfolgt so, dass eine hohe Verständlichkeit gewährleistet ist.**

77.1 Erkennbarkeit der Gebärden

Prüfung durch gehörlose Expert/innen: Prüfen Sie, ob die Gebärden gut erkennbar und verständlich sind.

77.2 Darstellung der Gebärdensprache

Prüfen Sie, ob der Gebärdenraum gut wahrgenommen werden kann. Der Gebärdenraum umfasst den gesamten Oberkörper. Ideal ist für die Höhe ein Ansatz wenige Zentimeter über dem Kopf und ab dem Bauchnabel. Die Breite is ungefähr halbe Armlänge nach rechts und nach links.

77.3 Beleuchtung von Gebärdensprach-Filmen

Prüfen Sie, ob dir Lichtverhältnisse so sind, dass die Tiefe des Gebärdenraums vor dem Oberkörper in seiner räumlichen Dimension gut wahrnehmbar ist.

77.4 Kontrast Vorder-/ Hintergrund von Gebärdensprach-Filmen

Prüfen Sie, ob sich die Darstellerin/ der Darsteller ausreichend vom Hintergrund abhebt, so dass der Gebärdenraum und die Mimik gut wahrgenommen werden können.

77.5 Mundbild der Darsteller/innen

Prüfen Sie, ob das Mundbild gut zu erkennen ist.

**78 Die Gebärdensprach-Filme werden leicht auffindbar und durch deutliche Kennzeichnung in das Angebot integriert.**

78.1 Leichte Auffindbarkeit von Gebärdensprach-Filmen

Prüfen Sie, ob die Gebärdensprach-Filme leicht auffindbar und durch deutliche Kennzeichnung (z.B. ein einheitliches Symbol innerhalb des Auftritts) in das Angebot integriert sind.

**79 Der Inhalt der Gebärdensprach-Filme wird aus dem Internetangebot deutlich.**

79.1 Aussagekräftiger Titel von Gebärdensprach-Filmen

Prüfen Sie, ob die Titel der Gebärdensprach-Filme aussagekräftig sind.

79.2 Hinweis auf den Inhalt der Gebärdensprach-Filmen

Prüfen Sie, ob der Inhalt der Gebärdensprach-Filme aus dem allgemeinen Angebot hervorgeht.

**80 Für Gebärdensprach-Filme werden, wenn angemessen, Untertitel bereitgestellt.**

80.1 Bereitstellung von Untertiteln

Prüfen Sie im vom Format abhängigen Video-Player, ob Untertitel vorhanden sind.

80.2 Einsatz von SMIL, SAMI

Prüfen Sie, ob SMIL oder SAMI verwendet wird.

**81 Die Gebärdensprach-Filme werden in den allgemein üblichen Dateitypen angeboten.**

81.1 Gängige Dateitypen stehen für Gebärdensprach-Filme möglichst alternativ zur Verfügung.

Prüfen Sie, ob die Filme für den Windows Media Player, Real Player, QuickTime oder in Flash angeboten werden

81.2 Zukunftsweisende Formate stehen für Gebärdensprach-Filme alternativ zur Verfügung.

Prüfen Sie, ob die Filme im MPEG, MPEG-4 Format angeboten werden.

81.3 Alternative Downloadgrößen

Prüfen Sie, ob alternative Downloadmöglichkeiten angeboten werden und ob über die Dateigröße in Verbindung mit der vorgesehenen Verbindungsart leicht verständlich Auskunft gegeben wird.

## Leichte Sprache

**82 Versionen in Leichter Sprache werden so eingesetzt, dass es dem Inhalt des Internetangebots angemessen ist.**

82.1 Vorhandensein von Angeboten in leichter Sprache

Prüfen Sie, ob Versionen in leichter Sprache angeboten werden.

82.2 Navigation zu den Angeboten in leichter Sprache

Prüfen Sie, ob auf der Eingangsseite ein gut erkennbarer Hinweis auf Angebote in leichter Sprache erfolgt.

82.3 Leichte Erkennbarkeit der Texte in leichter Sprache

Prüfen Sie, ob die Texte in leichter Sprache als solche unmittelbar erkennbar sind.

**83 Die Wortwahl bzgl. der Verwendung von Fachbegriffen, Fremdwörtern, Abkürzungen ist so einfach, wie es der Zielgruppe angemessen ist.**

83.1 Erläuterung von Fachbegriffen

Prüfen Sie, ob Fachbegriffe erläutert werden.

83.2 Vermeidung von Fremdwörtern

Prüfen Sie, ob nichtgängige Fremdwörter vermieden werden oder erklärt werden.

83.3 Erläuterung von Abkürzungen/ Akronymen

Prüfen Sie, ob Abkürzungen und Akronyme allgemein verständlich sind oder erklärt werden und ob die für Abkürzungen und Akronyme vorgesehenen Elemente der verwendeten Markup-Sprache verwendet werden.

83.4 Vermeidung von abstrakten Begriffen

Prüfen Sie, ob abstrakte Begriffe gemieden werden oder an konkreten Beispielen erklärt werden.

83.5 Redewendungen/ Metaphern

Prüfen Sie, ob die verwendeten Redewendungen und Metaphern nachvollziehbar und verständlich sind.

83.6 Verwendung von Alltagssprache

Prüfen Sie, ob kurze Worte aus der Alltagssprache verwendet werden und lange Worte, die schwer zu lesen und auszusprechen sind, vermieden werden.

**84 Der Satzbau ist so einfach, wie es der Zielgruppe angemessen ist.**

84.1 Verwendung von kurzen Sätzen

Prüfen Sie, ob einfache Syntax und kurze Sätze verwendet und Satzverschachtelungen vermieden werden.

84.2 Vermeidung von Passiv- Stil

Prüfen Sie, ob der Passiv-Stil zurückhaltend eingesetzt wird.

84.3 Eine Hauptaussage pro Satz

Prüfen Sie, ob nur eine Hauptaussage pro Satz gemacht wird.

A19

84.4 Verwendung von Negationen

Prüfen Sie, ob bei negativer Sprache und Verneinungen die Aussage eindeutig ist.

84.5 Vermeidung von Konjunktiv

Prüfen Sie, ob der Konjunktiv zurückhaltend angewendet wird (...könnte passieren..., solltest Du/sollten Sie tun...).

84.6 Vermeidung von Substantivierung

Prüfen Sie, ob der Gebrauch von Substantivierung (Nominalstil) vermieden wird.

## 85 Graphisch dargestellte Metaphern und Symbole sind angemessen erklärt.

85.1 Bilder und Graphiken, die symbolhaft oder metaphorisch eingesetzt werden, müssen leicht verständlich sein

Prüfen Sie, ob graphisch dargestellte Metaphern und Symbole nachvollziehbar und verständlich sind.

## 86 Bilder, Illustrationen, Videos, Audio, Symbole und Symbolsprachen werden eingesetzt, um Inhalte zu veranschaulichen.

86.1 Veranschaulichung der Inhalte durch Bilder, Illustrationen, Videos, Audio und Symbole

Prüfen Sie im Browserfenster, ob Bilder, Illustrationen, Videos, Audio und Symbole verwendet werden, um die Inhalte zu veranschaulichen.

86.2 Symbole zu Formularfeldern

Prüfen Sie, ob in einem Formular Symbole verwendet werden, um die Verständlichkeit zu erhöhen

86.3 Einsatz von Symbolsprachen

Prüfen Sie, ob Versionen in einer Symbolsprache (BLISS, PCS-Symbole, Min Speak,..) angeboten werden oder ob es eine Unterstützung für die Umwandlung von Text in Symbolsprachen gibt.

## 87 Es werden praktische Beispiele gegeben, um schwierige Inhalte zu verdeutlichen.

87.1 Praktische Beispiele zu schwierigen Inhalten

Prüfen Sie, ob angemessene praktische Beispiele angeführt werden, um schwierige Inhalte zu verdeutlichen.

# Anhang 2 - Themen des GEMET-Thesaurus

Abfall

Allgemeine Angelegenheiten

Bauwesen und gebaute Umwelt

Biosphäre - Organismen, biologische Systeme und Prozesse

Boden

Chemische Stoffe und Prozesse

Energie

Fischerei

Forstwirtschaft

Geographie

Gesetzgebung

Gesundheit, Hygiene, Ernährung

Handel, Dienstleistungen

Industrie, Aktivitäten und Prozesse

Information, Ausbildung, Kultur

Katastrophen, Unfälle, Risiken

Klima

Landwirtschaft

Lärm, Erschütterungen

Luft, Atmosphäre Wissen, Wissenschaft, Forschung, Informationsgewinnnung

Militär und Umwelt

Nahrungsmittel, Trinkwasser

Natürliche Lebensräume, Landschaft, Ökosysteme

Naturprozesse, Naturereignisse

Physikalische Erscheinungen und Prozesse

Produkte, Materialien, Werkstoffe

Ressourcen, Ressourcennutzung

Soziale Aspekte, Bevölkerung

Strahlungen

Tierzucht

Tourismus und Freizeit

Umweltpolitik

Umweltverschmutzung, Schadstoffe

Urbane Umwelt, urbane Belastungen

Verkehr

Verwaltung, Organisation, Institutionen, Planung, Politik und -vollzug, immaterielle Massnahmen

Wasser

Weltraum

Wirtschaft, Ökonomie und Finanzen

# Anhang 3 - Themen des eurovoc-Thesaurus

Politisches Leben

Internationale Beziehungen

Europäische Gemeinschaften

Recht

Wirtschaftsleben

Wirtschafts- und Handelsverkehr

Finanzwesen

Soziale Fragen

Bildung und Kommunikation

Wissenschaften

Unternehmen und Wettbewerb

Beschäftigung und Arbeit

Verkehr

Umwelt

Landwirtschaft, Forstwirtschaft und Fischereiwesen

Landwirtschaft und Ernährung

Produktion, Technologie und Forschung

Energie

Industrie

Geografie

Internationale Organisation

# Anhang 4 - Dateien des eurovoc-Thesaurus

**desc_de.xml:**
Bezeichnung der Deskriptoren

```
<DESCRIPTEUR LNG="DE" VERSION="4_2">
    <RECORD>
        <DESCRIPTEUR_ID>1</DESCRIPTEUR_ID>    Deskriptor-ID
        <LIBELLE>Aarhus</LIBELLE>             Bezeichnung
    </RECORD>
</DESCRIPTEUR>
```

**dom_de.xml:**
Bezeichnung der Thesauri

```
<DOMAINES LNG="DE" VERSION="4_2">
    <RECORD>
        <DOMAINE_ID>04</DOMAINE_ID>                  Thesaurus-ID
        <LIBELLE>POLITISCHES LEBEN</LIBELLE>  Bezeichnung des Themas
    </RECORD>
</DOMAINES>
```

**perm_de.xml:**
Permutationen der Deskriptoren und ihrer Synonyme

```
<PERMUTATION LNG="DE" VERSION="4_2">
    <RECORD>
        <DESCRIPTEUR_ID>594</DESCRIPTEUR_ID>    Deskriptor-ID
        <PERM>
            <PERM_EL>Länder, AASM-</PERM_EL>    Permutation
            <PERM_EL>Staaten, AASM-</PERM_EL>   Permutation
        </PERM>
    </RECORD>
</PERMUTATION>
```

**sn_de.xml:**
Definition der Deskriptoren

```
<SCOPE_NOTE LNG="DE" VERSION="4_2">
    <RECORD>
        <DESCRIPTEUR_ID>2947</DESCRIPTEUR_ID>   Deskriptor-ID
        <SN>                                    Definition
        Neuerliche Verwendung von Stoffen, die aus Abfall gewonnen wurden, in je-
        nen Produktionsverfahren, aus denen sie als Abfall angefallen sind. Daher
        wird zur Gänze oder teilweise der Einsatz neuer Rohstoffe unnötig.
        </SN>
    </RECORD>
</SCOPE_NOTE>
```

**thes_de.xml:**
Bezeichnung der Mikrothesauri

```
<THESAURUS LNG="DE" VERSION="4_2">
   <RECORD>
      <THESAURUS_ID>0406</THESAURUS_ID>        Mikrothesaurus-ID
      <LIBELLE>Politischer Rahmen</LIBELLE>    Bezeichnung
   </RECORD>
</THESAURUS>
```

**uf_de.xml:**
Synonymbezeichnungen

```
<USED_FOR LNG="DE" VERSION="4_2">
   <RECORD>
      <DESCRIPTEUR_ID>594</DESCRIPTEUR_ID>     Deskriptor-ID
      <UF>
         <UF_EL>AASM-Länder</UF_EL>            Synonym (Benutzt für)
      </UF>
   </RECORD>
</USED_FOR>
```

**desc_thes.xml:**
Verbindung eines Deskriptors zu seinem Mikrothesaurus

```
<DESCRIPTEUR_THESAURUS VERSION="4_2">
   <RECORD>
      <THESAURUS_ID>0406</THESAURUS_ID>        Mikrothesaurus-ID
      <DESCRIPTEUR_ID>32</DESCRIPTEUR_ID>      Deskriptor-ID
      <TOPTERM>N</TOPTERM>                     Ist Spitzenbegriff
                                               (N = Nein, O = Ja)
   </RECORD>
</DESCRIPTEUR_THESAURUS>
```

**relation_bt.xml:**
Verbindung eines Deskriptors zu seinem Oberbegriff

```
<RELATIONS_BT VERSION="4_2">
   <RECORD>
      <SOURCE_ID>1</SOURCE_ID>                 Deskriptor-ID
      <CIBLE_ID>337</CIBLE_ID>                 Oberbegriff zu Deskriptor-ID
   </RECORD>
</RELATIONS_BT>
```

**relation_rt.xml:**
Verbindung zwischen verwandten Begriffen

```
<RELATIONS_RT VERSION="4_2">
   <RECORD>
      <DESCRIPTEUR1_ID>5</DESCRIPTEUR1_ID>        Deskriptor-ID
      <DESCRIPTEUR2_ID>824</DESCRIPTEUR2_ID>      Deskriptor-ID
   </RECORD>
</RELATIONS_RT>
```

# Anhang 5 – XSL-Stylsheets
## zur Umwandlung des eurovoc-Thesaurus

Aufruf des XSLT-Prozessors: `msxsl.exe desc_de.xml desc.xsl > desc_de.txt`

### desc_de.xml

```
<xsl:stylesheet version = '1.0'
    xmlns:xsl='http://www.w3.org/1999/XSL/Transform'>
<!-- msxsl.exe desc_de.xml desc.xsl > desc_de.txt /-->

<xsl:variable name="newline"><xsl:text>
</xsl:text></xsl:variable>

<xsl:template match="/DESCRIPTEUR">
    <xsl:for-each select="/DESCRIPTEUR/RECORD">
        <xsl:sort select="DESCRIPTEUR_ID"/>
eurovoc_<xsl:value-of                select="DESCRIPTEUR_ID"/>;"<xsl:value-of
select="LIBELLE"/>"<xsl:value-of select="$newline"/>
    </xsl:for-each>
</xsl:template>

</xsl:stylesheet>
```

```
eurovoc_1;"Aarhus"
eurovoc_10;"Binnenhandel"
eurovoc_100;"Rassenkonflikt"
eurovoc_1000;"Finanzierung"
eurovoc_1001;"kurzfristige Finanzierung"
eurovoc_1002;"langfristige Finanzierung"
eurovoc_1003;"mittelfristige Finanzierung"
eurovoc_1004;"Sozialhilfe"
eurovoc_1005;"gemeinschaftliche Finanzierung"
eurovoc_1006;"Ausgleichsfinanzierung"
eurovoc_1007;"ergänzende Finanzierung"
eurovoc_1008;"Finanzierung der Hilfe"
eurovoc_1009;"Finanzierung der Industrie"
eurovoc_101;"sozialer Konflikt"
eurovoc_1010;"Finanzierung der Ausfuhren"
```

### desc_thes.xml

```
<xsl:stylesheet version = '1.0'
    xmlns:xsl='http://www.w3.org/1999/XSL/Transform'>
<!-- msxsl.exe desc_thes.xml desc_thes.xsl > desc_thes.txt /-->

<xsl:variable name="newline"><xsl:text>
</xsl:text></xsl:variable>

<xsl:template match="/DESCRIPTEUR_THESAURUS">
___TopTerms der Microthesauri___<xsl:value-of select="$newline"/><xsl:value-of se-
lect="$newline"/>
    <xsl:for-each select="RECORD">
        <xsl:if test="TOPTERM='O'">
```

```
MicrothesNum_<xsl:value-of    select="THESAURUS_ID"/>;eurovoc_<xsl:value-of    se-
lect="DESCRIPTEUR_ID"/>
      </xsl:if>
    </xsl:for-each>
</xsl:template>


</xsl:stylesheet>
```

___TopTerms der Microthesauri___

```
MicrothesNum_0406;eurovoc_883
MicrothesNum_0406;eurovoc_1282
MicrothesNum_0406;eurovoc_1453
MicrothesNum_0406;eurovoc_2370
MicrothesNum_0406;eurovoc_2573
MicrothesNum_0406;eurovoc_3025
MicrothesNum_0411;eurovoc_2180
MicrothesNum_0411;eurovoc_2258
MicrothesNum_0411;eurovoc_4436
MicrothesNum_0416;eurovoc_558
MicrothesNum_0416;eurovoc_695
```

**Und folgendes zum Zuordnen der Wurzel zu den einzelnen Mikrothesauri. Dabei
wurde zuerst die Liste erstellt und dann manuell gefiltert, dass keine Thesaurus-
ID doppelt vorkommt.**

```
<xsl:stylesheet version = '1.0'
    xmlns:xsl='http://www.w3.org/1999/XSL/Transform'>
<!-- msxsl.exe desc_thes.xml desc_thes2.xsl > desc_thes2.txt /-->

<xsl:template match="/DESCRIPTEUR_THESAURUS">
___TOP Tree Microthesauri___
    <xsl:for-each select="//THESAURUS_ID" >
EUROVOC;MicrothesNum_<xsl:value-of select="."/>
    </xsl:for-each>
</xsl:template>


</xsl:stylesheet>
```

```
EUROVOC;MicrothesNum_0406
EUROVOC;MicrothesNum_0406
EUROVOC;MicrothesNum_0406
EUROVOC;MicrothesNum_0406
EUROVOC;MicrothesNum_0406
EUROVOC;MicrothesNum_0406
EUROVOC;MicrothesNum_0406
EUROVOC;MicrothesNum_0406
EUROVOC;MicrothesNum_0406
EUROVOC;MicrothesNum_0406
EUROVOC;MicrothesNum_0406
EUROVOC;MicrothesNum_0406
EUROVOC;MicrothesNum_0406
```

EUROVOC;MicrothesNum_0406
EUROVOC;MicrothesNum_0406
EUROVOC;MicrothesNum_0406

---

### relation_bt.xml

```
<xsl:stylesheet version = '1.0'
    xmlns:xsl='http://www.w3.org/1999/XSL/Transform'>
<!-- msxsl.exe relation_bt.xml relation_bt.xsl > relation_bt.txt /-->

<xsl:variable name="newline"><xsl:text>
</xsl:text></xsl:variable>

<xsl:template match="/RELATIONS_BT">
Kind;Elternteil
    <xsl:for-each select="/RELATIONS_BT/RECORD">
        <xsl:sort select="SOURCE_ID"/>
eurovoc_<xsl:value-of       select="SOURCE_ID"/>;eurovoc_<xsl:value-of       se-
lect="CIBLE_ID"/>
    </xsl:for-each>
</xsl:template>


</xsl:stylesheet>
```

---

Kind;Elternteil

eurovoc_1;eurovoc_337
eurovoc_10;eurovoc_2449
eurovoc_100;eurovoc_458
eurovoc_1001;eurovoc_1000
eurovoc_1002;eurovoc_1000
eurovoc_1003;eurovoc_1000
eurovoc_1006;eurovoc_1010
eurovoc_1007;eurovoc_1000
eurovoc_1008;eurovoc_3003
eurovoc_1009;eurovoc_2507
eurovoc_101;eurovoc_4706

---

### relation_rt.xml

```
<xsl:stylesheet version = '1.0'
    xmlns:xsl='http://www.w3.org/1999/XSL/Transform'>
<!-- msxsl.exe relation_rt.xml relation_rt.xsl > relation_rt.txt /-->

<xsl:variable name="newline"><xsl:text>
</xsl:text></xsl:variable>

<xsl:template match="/RELATIONS_RT">
Verwandte Begriffe
```

```
    <xsl:for-each          select="/RELATIONS_RT/RECORD"><xsl:sort          se-
lect="DESCRIPTEUR1_ID"/>
eurovoc_<xsl:value-of     select="DESCRIPTEUR1_ID"/>;eurovoc_<xsl:value-of     se-
lect="DESCRIPTEUR2_ID"/>;0,7
    </xsl:for-each>
</xsl:template>


</xsl:stylesheet>
```

Verwandte Begriffe

```
eurovoc_10;eurovoc_1806;0,7
eurovoc_100;eurovoc_101;0,7
eurovoc_1000;eurovoc_1008;0,7
eurovoc_1000;eurovoc_2606;0,7
eurovoc_1004;eurovoc_2517;0,7
eurovoc_1005;eurovoc_1851;0,7
eurovoc_1005;eurovoc_4237;0,7
eurovoc_1005;eurovoc_5315;0,7
```

**uf_de.xml**

```
<xsl:stylesheet version = '1.0'
   xmlns:xsl='http://www.w3.org/1999/XSL/Transform'>
<!-- msxsl.exe uf_de.xml uf.xsl > uf_de.txt /-->


<xsl:template match="/USED_FOR">
Synonyme
    <xsl:for-each select="RECORD">
    <xsl:variable              name="desc_id"><xsl:value-of              se-
lect="DESCRIPTEUR_ID"/></xsl:variable>
        <xsl:for-each select="UF">
            <xsl:for-each select="UF_EL">
eurovoc_<xsl:value-of select="$desc_id"/>;"<xsl:value-of select="."/>"
            </xsl:for-each>
        </xsl:for-each>
    </xsl:for-each>
</xsl:template>


</xsl:stylesheet>
```

Synonyme

```
eurovoc_594;"AASM-Länder"
eurovoc_2949;"beiderseitiger Truppenabbau"
eurovoc_2949;"Entmilitarisierung"
eurovoc_2949;"MBFR"
eurovoc_2949;"MBFR-Verhandlungen"
eurovoc_2949;"Reduzierung der Streitkräfte"
eurovoc_2949;"Truppenabbau"
```

# Anhang 6 - SPARQL-Abfragen für GEMET

**Konzeptbezeichner und natürlichsprachige Bezeichnung:**
Als Bezeichner in e:IAS werden nicht die natürlichsprachigen Wörter (prefLabel) genommen, sondern die abstrakten Konzeptbezeichner, da dann die Unterscheidung zu
normalen Synonymen in e:IAS einfacher ist und nachträglich an den Bezeichnern
nichts mehr geändert wird.

```
PREFIX skos:<http://www.w3.org/2004/02/skos/core#>
SELECT ?concept ?c
WHERE {
  ?concept skos:prefLabel ?c
}
```

**Eltern-Kind Paare für Taxonomie:**

```
PREFIX skos:<http://www.w3.org/2004/02/skos/core#>
SELECT ?parent ?child
WHERE {
  ?parent skos:narrower ?child
}
```

**SuperGroup Namen:**
Neben den normalen Oberbegriffsbeziehungen sind in GEMET auch Gruppen (als SuperGroup und Group) definiert, die für Mikrothesauri stehen, und die ebenfalls hierar-
chisch angeordnet sind.

```
PREFIX skos:<http://www.w3.org/2004/02/skos/core#>
PREFIX rdfs:<http://www.w3.org/2000/01/rdf-schema#>
PREFIX rdf:<http://www.w3.org/1999/02/22-rdf-syntax-ns#>
PREFIX gemet:<http://www.eionet.eu.int/gemet/2004/06/gemet-schema.rdf>
SELECT ?group ?groupname
WHERE {
  ?group rdf:type gemet:SuperGroup
  ?group rdfs:label ?groupname
}
```

**Group Namen:**

```
PREFIX skos:<http://www.w3.org/2004/02/skos/core#>
PREFIX rdfs:<http://www.w3.org/2000/01/rdf-schema#>
PREFIX rdf:<http://www.w3.org/1999/02/22-rdf-syntax-ns#>
PREFIX gemet:<http://www.eionet.eu.int/gemet/2004/06/gemet-schema.rdf#>
SELECT ?group ?groupname
WHERE {
  {?group rdf:type gemet:Group}
  {?group rdfs:label ?groupname}
}
```

**Eltern-Kind-Paare (bei Gruppen und Supergruppen):**

```
PREFIX skos:<http://www.w3.org/2004/02/skos/core#>
PREFIX rdfs:<http://www.w3.org/2000/01/rdf-schema#>
PREFIX rdf:<http://www.w3.org/1999/02/22-rdf-syntax-ns#>
PREFIX gemet:<http://www.eionet.eu.int/gemet/2004/06/gemet-schema.rdf#>
SELECT ?parent ?child
WHERE {
  {?child gemet:subGroupOf ? parent}
}
```

**Eltern-Kind-Paare von Konzepten nach Gruppen:**
Da alle Konzepte einer Gruppe als zur Gruppe gehörig aufgeführt sind, dürfen hier nur Konzepte gefunden werden, die kein „weiteres" Konzept besitzen.

```
PREFIX skos:<http://www.w3.org/2004/02/skos/core#>
PREFIX rdfs:<http://www.w3.org/2000/01/rdf-schema#>
PREFIX rdf:<http://www.w3.org/1999/02/22-rdf-syntax-ns#>
PREFIX gemet:<http://www.eionet.eu.int/gemet/2004/06/gemet-schema.rdf#>
SELECT ?parent ?child
WHERE {
  {?child gemet:group ?parent}
  OPTIONAL {?child skos:broader ?x}
  FILTER (!bound(?x))
}
```

**Verwandte Konzepte:**

```
PREFIX skos:<http://www.w3.org/2004/02/skos/core#>
SELECT ?c1 ?c2
WHERE {
  ?c1 skos:related ?c2
}
```

# Anhang 7 - Vergleich der Suchergebnisse

Betrachtet wurden immer nur die Ergebnisse der ersten Seite (max. 10 Sück)

In einfacher Klammer sind die Position von Ergebnissen angegeben, die sich direkt mit dem Thema befassen und auf das Top-Ergebnis verlinken. In doppelter Klammer ist die Position von Ergebnissen angegeben, die sich nicht direkt mit dem Top-Ergebnis beschäftigen, man aber trotzdem die Adresse herausfinden kann.

| Anfragen im Januar 2007 | Suchwort | Erwartetes Ergebnis | Abacho Gesamtsuche Anfragen am 26.02.2007 | | | Empolis Gesamtsuche Anfragen am 26.02.2007 | | |
|---|---|---|---|---|---|---|---|---|
| | | | Bestes Ergebniss auf Pos. # | Anzahl guter Ergebnisse (max 10) | Anzahl Ergebnisse | Bestes Ergebniss auf Pos. # | Anzahl guter Ergebnisse (max 10) | Anzahl Ergebnisse |
| 1676 | stadtplan | Stadtplan von Nürnberg | 3 | 3 | 3134 | 1 | 1 | 1132 |
| 721 | webcam | Bilder einer Webcam in Nürnberg | 1 | 1 | 1 | 2 | 2 | 2 |
| 674 | messe | Informationen zur Messe in Nürnberg | 1 | 3 | 137 | 2 | 2 | 277 |
| 535 | wetter | Aktuelles Wetter und Wetterprognosen für Nürnberg | (2) | 1 | 27 | - | 0 | 40 |
| 489 | stellenangebote | Stellenangebote der Stadt | (2) | 3 | 7 | 10 | 3 | 11 |
| 431 | flughafen | Informationen zum Flughafen in Nürnberg | 1 | 3 | 102 | (1) | 2 | 197 |
| 418 | einwohnermeldeamt | Lage, Öffnungszeiten und Dienstleistungen des Einwohneramts | ((1)) | 10 | 67 | 1 | 9 | 71 |
| 399 | gelber sack | Abfuhrtermine und Bezugsmöglichkeiten des Gelben Sacks | - | - | 3 | (1) | 4 | 44 |
| 366 | arena | Informationen zur "Arena" | (1) | 3 | 57 | 7 | 4 | 185 |
| 345 | hotel | Übernachtungsmöglichkeiten in Nürnberg. | (2) | 2 | 79 | (3) | 2 | 72 |
| 283 | hotels | Übernachtungsmöglichkeiten in Nürnberg. | (1) | 1 | 118 | (1) | 1 | 72 |
| 306 | schulen | Informationen zu Schulen in Nürnberg | ((1)) | 2 | 689 | 1 | 6 | 1065 |
| 261 | tiergarten | Preise, Öffnungszeiten und Anfahrt zum Tiergarten | 6 | 5 | 72 | 4 | 7 | 111 |
| 244 | meistersingerhalle | Veranstaltungen und Anfahrt zur Meistersingerhalle | (1) | 5 | 88 | 1 | 8 | 118 |
| 235 | standesamt | Dienstleistungen und Öffnungszeiten des Standesamts | (1) | 10 | 36 | 8 | 10 | 68 |
| 233 | bildungszentrum | Angebote des Bildungszentrums | (4) | 5 | 245 | (7) | 5 | 197 |
| - | nürnberg | Testanfrage, um Größe des Index abschätzen zu können; ist keine häufige Anfrage | (2) | 4 | 1770 | - | 0 | 14696 |

# Anhang 8 - Auswertung der ersten 101 BIENE-Kriterien

*Auswertung der Suchergebnisspräsentation nach den BIENE-Kriterien*

Ausgewertet wurde das Miniweb des Presse- und Informationsamts Nürnberg, am 9.2.2007 mit dem Browser Firefox (Version 2.0), die Suchnavigation entspricht dem Stand vor dieser DA.

In weiterer Anlage sind Screenshots der untersuchten Seite vorhanden, einer zeigt nur das Gesamtlayout und der andere nur das Layout der Suchergebnispräsentation.

- Kriterium nicht erfüllt
- o Kriterium nicht zutreffend
- + Kriterium erfüllt
- / Kriterium nicht überüprüft

| Kriterium | Ergebnis | | Bemerkung |
|---|---|---|---|
| | Gesamtlayout | Suchergebnis | |
| 0.1 | + | + | |
| 1.1 | o | o | |
| 2.1 | + | + | |
| 2.2 | o | o | |
| 2.3 | o | o | |
| 3.1 | o | o | |
| 3.2 | o | o | |
| 4.1 | o | + | |
| 4.2 | o | + | |
| 5.1 | o | + | |
| 5.2 | o | + | |
| 5.3 | o | - | Absätze, also einzelne Suchergebnisse, werden durch Tabelle dargestellt |
| 5.4 | o | o | |
| 5.5 | + | + | |
| 5.6 | o | o | |
| 5.7 | o | - | In der Navigation wird < und > zum Weiterschalten verwendet |
| 5.8 | o | o | |
| 5.9 | + | + | |
| 5.10 | + | + | |
| 5.11 | + | + | |
| 5.12 | + | + | |
| 5.13 | + | + | |
| 5.14 | + | + | |
| 6.1 | o | o | |
| 6.2 | o | o | |
| 7.1 | + | + | |
| 8.1 | o | o | |
| 9.1 | o | o | |
| 9.2 | - | + | Das Überschriftbild im Gesamtlayout benötig eigentlich keine Beschreibung |
| 9.3 | o | o | |
| 9.4 | + | + | |
| 9.5 | o | o | |
| 9.6 | o | o | |
| 9.7 | o | o | |
| 9.8 | o | o | |
| 10.1 | o | o | |
| 11.1 | - | - | Links werden durch farbige Hervorhebung gekennzeichnet |
| 12.1 | / | / | kann nicht überprüft werden |
| 12.2 | / | / | |
| 12.3 | - | - | |
| 13.1 | + | + | |
| 13.2 | - | - | |
| 14.1 | - | - | |
| 15.1 | + | + | |
| 15.2 | - | - | |
| 16.1 | + | + | |
| 16.2 | + | + | |
| 16.3 | + | + | |
| 16.4 | + | + | |
| 17.1 | + | + | |
| 17.2 | + | + | |
| 17.3 | - | + | |
| 18.1 | o | + | |

| | | | |
|------|---|---|----------------------------|
| 18.2 | o | + | |
| 19.1 | + | - | "<" und "<<" nicht sehr klar |
| 19.2 | + | + | |
| 19.3 | o | o | |
| 20.1 | + | o | |
| 20.2 | + | o | |
| 20.3 | + | o | |
| 20.4 | + | + | |
| 20.5 | + | + | |
| 20.6 | - | o | |
| 20.7 | o | o | |
| 21.1 | + | + | |
| 21.2 | + | o | |
| 21.3 | + | + | |
| 21.4 | + | + | |
| 21.5 | + | + | |
| 21.6 | + | + | |
| 22.1 | o | o | |
| 22.2 | + | + | |
| 22.3 | - | - | |
| 23.1 | + | + | |
| 23.2 | o | + | |
| 23.2 | - | - | Wird für Links nicht verwendet |
| 23.5 | o | o | |
| 23.6 | + | + | |
| 24.1 | + | + | |
| 24.2 | + | + | |
| 25.1 | o | o | |
| 25.2 | o | o | |
| 25.3 | o | o | |
| 26.1 | + | + | |
| 26.2 | - | - | |
| 26.3 | - | - | |
| 26.4 | + | + | |
| 26.5 | + | + | |
| 26.6 | o | o | |
| 27.1 | - | o | |
| 27.2 | o | o | |
| 27.3 | o | o | |
| 27.4 | o | o | |
| 28.1 | o | - | |
| 29.1 | o | - | |
| 30.1 | + | + | |
| 30.2 | - | - | |
| 31.1 | o | o | |
| 31.2 | o | o | |
| 31.3 | o | o | |
| 31.4 | o | o | |

# Anhang 9 – Screenshots der ausgewerteten Seiten

Abbildung 1: Gesamtlayout des Presse- und Informationsamtes

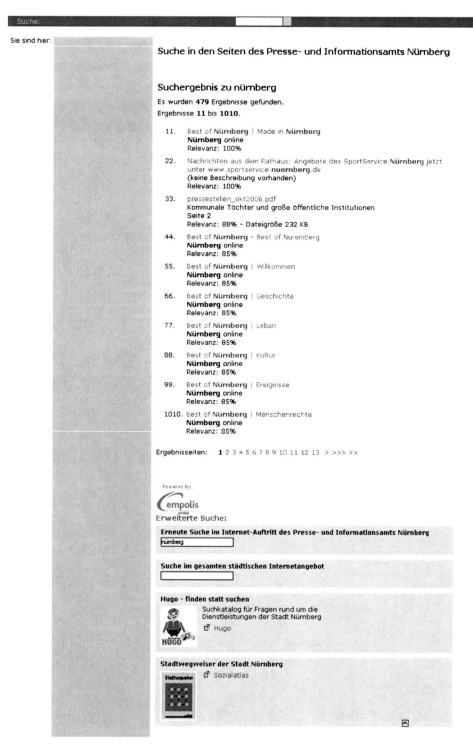

Abbildung 2: Suchlayout im Presse- und Informationsamt

Dieses Suchlayout wird in das Gesamtlayout integriert.

# Anhang 10 – Mögliche e:Script Tags

Siehe nächste Seite.

# 4 E:SCRIPT TAGS OF RESULTHANDLER

## 4.1 CGI:

```
<tecinno:printValueOfCgiVar
            name=""
            format="text","url"/>
```

```
<tecinno:printCgiString/>
```

```
<tecinno:loopForCgiVars
            name="">
</tecinno:loopForCgiVars>
```

```
<tecinno:conditionForCgiVar
            name=""
            predicate="equal","notequal","hasElement","notHasElement","lt","le",
                    "gt","ge","even","odd"
            value="">
</tecinno:conditionForCgiVar>
```

## 4.2 Query:

```
<tecinno:printValueOfQuery
            attr=""
            xml:lang=""
            format="text","url"
            setDelimiter=","
            service="retrieval","analysis","analysisSpellCheck","completion"/>
```

```
<tecinno:printPropertyOfQuery
            attr=""
            property="importance","measure",
                "enumerationInc","enumerationExc","enumerationIncTax",
                "enumerationExcTax",
                "hasElementsAll","hasElementsAny","hasElementsOnly",
                "hasElementsNone",
                "hasElementsAllTax","hasElementsAnyTax","hasElementsOnlyTax",
                "hasElementsNoneTax",
                "intervalMin","intervalMax","intervalType"
            format="text","url"
            service="retrieval","analysis","analysisSpellCheck","completion"/>
```

```
<tecinno:loopForValueOfQuery
            attr=""
            service="retrieval","analysis","analysisSpellCheck","completion">
</tecinno:loopForValueOfQuery>
```

```
<tecinno:loopForPropertyOfQuery
            attr=""
```

```
        property="enumerationInc","enumerationExc",
              "hasElementsAll","hasElementsAny","hasElementsOnly",
              "hasElementsNone"
        service="retrieval","analysis","analysisSpellCheck","completion">
tecinno:loopForPropertyOfQuery>
```

```
ecinno:conditionForQuery
        attr=""
        predicate="equal","notequal","hasElement","notHasElement","lt","le",
              "gt","ge","even","odd"
        value=""
        service="retrieval","analysis","analysisSpellCheck","completion">
tecinno:conditionForQuery>
```

```
ecinno:conditionForPropertyOfQuery
        attr=""
        property="importance","measure",
              "enumerationInc","enumerationExc","enumerationIncTax",
              "enumerationExcTax",
              "hasElementsAll","hasElementsAny","hasElementsOnly",
              "hasElementsNone",
              "hasElementsAllTax","hasElementsAnyTax","hasElementsOnlyTax",
              "hasElementsNoneTax",
              "intervalMin","intervalMax","intervalType"
        predicate="equal","notequal","hasElement","notHasElement","lt","le",
              "gt","ge","even","odd"
        value=""
        service="retrieval","analysis","analysisSpellCheck","completion">
tecinno:conditionForPropertyOfQuery>
```

## 4.3    SpellChecker:

```
tecinno:loopForMisspelledWords
        attr=""
        maxNoOfWords="">
tecinno:loopForMisspelledWords>
```

```
tecinno:loopForSuggestions
        maxNoOfSuggestions="">
tecinno:loopForSuggestions>
```

```
tecinno:printMisspelledWord/>
```

```
tecinno:printSuggestion
        value="attr","class","IE","sim","key","suggNo"
        source="">
```

```
tecinno:conditionNoOfMisspelledWords
        attr=""
        predicate="equal","notequal","lt","le","gt","ge","even","odd"
        value="">
tecinno:conditionNoOfMisspelledWords>
```

```
<tecinno:conditionNoOfSuggestions
            predicate="equal","notequal","lt","le","gt","ge","even","odd"
            value="">
</tecinno:conditionNoOfSuggestions>
```

## 4.4    Retrival:

```
<tecinno:printNoOfCases
            result="retrieval","adaptation"/>
```

```
<tecinno:printNoOfHits/>
```

```
<tecinno:printValueOfCase
            attr=""
            xml:lang=""
            format="text","url"
            caseNo=""
            setDelimiter=","
            result="retrieval","adaptation"/>
```

```
<tecinno:printSimValue
            format="round25"
            caseNo=""/>
```

```
<tecinno:conditionForCase
            attr=""
            predicate="equal","notequal","hasElement","notHasElement","lt",
                    "le","gt","ge","even","odd"
            value=""
            caseNo=""
            result="retrieval","adaptation">
</tecinno:conditionForCase>
```

```
<tecinno:conditionForAllCases
            attr=""
            predicate="equal","notequal","hasElement","notHasElement","lt",
                    "le","gt","ge","even","odd"
            value=""
            quantor="all","any"
            result="retrieval","adaptation">
</tecinno:conditionForAllCases>
```

```
<tecinno:conditionNoOfCases
            predicate="equal","notequal","lt","le","gt","ge","even","odd"
            value=""
            result="retrieval","adaptation">
</tecinno:conditionNoOfCases>
```

```
<tecinno:loopForCases
            maxNoOfCycles="">
            result="retrieval","adaptation">
</tecinno:loopForCases>
```

## 4.5   Marker:

```
ecinno:printMarkupOfCase
        attr=""
        type="text","table"
        xml:lang=""
        caseNo=""/>
```

```
ecinno:printMarkupOfQuery
        attr=""
        type="text","table"
        xml:lang=""/>
```

## 4.6   Dialog:

```
ecinno:dialogConditionNoOfQuestions
        predicate="equal","notequal","lt","le","gt","ge"
        value="">
tecinno:dialogConditionNoOfQuestions>
```

```
ecinno:dialogLoopForQuestions
        maxNoOfQuestions="">
tecinno:dialogLoopForQuestions>
```

```
ecinno:dialogConditionExistsQuestion
        attr=""
        class="">
tecinno:dialogConditionExistsQuestion>
```

```
ecinno:dialogPrintQuestionText/>
```

```
ecinno:dialogPrintAttributeOfQuestion/>
```

```
ecinno:dialogCheckAnswerType
        type="Enumeration","Taxonomy","Interval">
tecinno:dialogCheckAnswerType>
```

```
ecinno:dialogConditionNoOfAnswers
        predicate="equal","notequal","lt","le","gt","ge"
        value="">
tecinno:dialogConditionNoOfAnswers>
```

```
ecinno:dialogLoopForAnswers
        maxNoOfAnswers="">
tecinno:dialogLoopForAnswers>
```

```
ecinno:dialogPrintIntervalAnswer
        minOrMax="min","max"/>
```

```
ecinno:dialogPrintEnumerationAnswer
        content="value","name","count"
        taxPrefix=""/>
```

## 4.7   OMML:

```
tecinno:printOMMLModelProperty
```

```
                    xml:lang=""
                    format="text","url"/>
<tecinno:printOMMLClassProperty
                    xml:lang=""
                    format="text","url"/>
<tecinno:printOMMLValueProperty
                    xml:lang=""
                    format="text","url"/>
<tecinno:printOMMLAttributeProperty
                    xml:lang=""
                    format="text","url"/>
<tecinno:loopForOMMLModelProperty
                    property="Name","Explanation","Comment","Annotation",
                        "Creation","Locale","Memo"
                    name=""
                    timestamp="">
</tecinno:loopForOMMLModelProperty>
<tecinno:loopForOMMLClassProperty
                    class=""
                    property="Name","Explanation","Comment","Annotation",
                        "Creation","Question","Memo"
                    name=""
                    timestamp="">
</tecinno:loopForOMMLClassProperty>
<tecinno:loopForOMMLValueProperty
                    class=""
                    value=""
                    property="Name","Explanation","Comment","Annotation">
</tecinno:loopForOMMLValueProperty>
<tecinno:loopForOMMLAttributeProperty
                    agg=""
                    attr=""
                    property="Name","Explanation","Comment","Annotation",
                        "Question","Memo"
                    name="">
</tecinno:loopForOMMLAttributeProperty>
<tecinno:conditionForOMMLModelProperty
                    predicate="equal","notequal"
                    value="">
</tecinno:conditionForOMMLModelProperty>
<tecinno:conditionForOMMLClassProperty
                    predicate="equal","notequal"
                    value="">
</tecinno:conditionForOMMLClassProperty>
<tecinno:conditionForOMMLAttributeProperty
                    predicate="equal","notequal"
                    value="">
```

```
tecinno:conditionForOMMLAttributeProperty>
```

## 4.8    QueryPage:

```
ecinno:queryPageLoopForValues
          attr=""
          ordering="">
tecinno:queryPageLoopForValues>
```

```
ecinno:queryPagePrintValue
          attr=""
          xml:lang=""
          format="text","url"/>
```

```
ecinno:queryPageConditionForValue
          attr=""
          predicate="equal","notequal"
          value="">
tecinno:queryPageConditionForValue>
```

## 4.9    Utilities:

```
ecinno:printErrors/>
```

```
ecinno:printOCCLResult
          pipeletID=""/>
```

```
ecinno:comment>
tecinno:comment>
```

```
ecinno:loopForAggregateView
          agg=""
          name="">
tecinno:loopForAggregateView>
```

```
ecinno:printAttributeName
          format="text","url"/>
```

```
ecinno:printValueOfPipeletParameter
          format="text","url"/>
```

```
ecinno:loopForValueOfPipeletParameter
          pipelet=""
          parameter="">
/tecinno:loopForValueOfPipeletParameter>
```

```
ecinno:conditionForValueOfPipeletParameter
          predicate="equal","notequal"
          value="">
/tecinno:conditionForValueOfPipeletParameter>
```

# Anhang 11 - Eingesetzte e:Script Tags

## 1.1 Unterscheidung zwischen erfolgreicher und nicht erfolgreicher Suche

```
<tecinno:condition condition="RetrievalResultEmpty">
  ... Suche nicht erfolgreich ...
</tecinno:condition>
<tecinno:condition condition="RetrievalResultNotEmpty">
  ... Suche erfolgreich ...
</tecinno:condition>
```

## 1.2 Meta-Daten ausgeben

`<tecinno:printNoOfHits/>` Anzahl der gefundenen Ergebnisse

`<tecinno:printNoOfCases />` Anzahl der Ergebnisse auf dieser Seite

```
Es wurden <strong><tecinno:printNoOfHits/></strong> Ergebnisse
gefunden.
<tecinno:printNoOfCases /> Ergebnisse
```

Ausgabe der Positionen auf der aktuellen Seiten, Zählung startet bei Null:
`<!--XX-mw_PipelineID-->` ist eine Variable, die vom CMS Imperia gesetzt wird.

```
ab        <tecinno:loopForValueOfPipeletParameter
pipelet="KSIndexRetrievalPipelet<!--XX-mw_PipelineID-->"
parameter="cursorPosition">
  <strong>Position <tecinno:printValueOfPipeletParameter/> </strong>
</tecinno:loopForValueOfPipeletParameter>
```

Erzeugte Ausgabe:

```
Es wurden 16059 Ergebnisse gefunden.

10 Ergebnisse, ab Position 20
```

## 1.3 Schleife um Ergebnisse zu durchlaufen

```
<tecinno:loopForCases result="retrieval">
  … Ergebnissausgabe …
</tecinno:loopForCases>
```

### 1.3.1 Einzelne Dokumente ausgeben

Erzeugtes Ergebnis:

```
Schlüssel zum Rathaus | Geschäftsbereich Oberbürgermeister
Der Geschäftsbereich des Oberbürgermeisters der Stadt Nürnberg.
Relevanz: 100%

Stimmenanteile Maly (SPD)
Relevanz: 100%

Geschäftsbereich Oberbürgermeister | Oberbürgermeister
Informationen und Lebenslauf des Oberbürgermeister der Stadt Nürnberg.
Relevanz: 94%

2003_maly_rede.pdf
Seite 1 ( 2003 MRP Maly Rede.cdr )
Relevanz: 83% - Dateigröße 23 KB
```

Der erste und dritte Eintrag gibt ein Webdokument mit Titel und Beschreibung aus, der
zweite Eintrag ein Webdokument, das keine Beschreibung enthält und der letzte Ein-

trag ein PDF-Dokument, in Klammern ist der Titel des Dokuments angegeben, die Überschrift entspricht dem Dateinamen.

**Ausgabe für PDF- bzw. Web-Dokument:**

```
<tecinno:conditionForCase attr="Att_FileType" predicate="equal"
value="pdf">
    … Ausgabe PDF …
</tecinno:conditionForCase>
<tecinno:conditionForCase attr="Att_FileType" predicate="notequal"
value="pdf">
    … Ausgabe Web …
</tecinno:conditionForCase>
```

Erzeugung des Links und Überschrift für PDF:

```
<a href="<tecinno:printValueOfCase attr="Att_FileIdentifier_ID"
format="text"/>" target="_blank">
  <tecinno:printMarkupOfCase attr="Att_FileName" type="text"/>
</a>
```

Ausgabe von Seitenzahl und Titel bei PDF:

```
Seite <tecinno:printValueOfCase attr="Att_Pdf_Page" type="text" />
<tecinno:conditionForCase attr="Att_All_Title" predicate="notequal"
value="">
  (<tecinno:printMarkupOfCase attr="Att_All_Title" type="text"/>)
</tecinno:conditionForCase>
```

Erzeugung des Links und Überschrift für Web:
Hier wird außerdem noch überprüft, ob überhaupt ein Titel vorhanden ist

```
<a href="<tecinno:printValueOfCase attr="Att_FileIdentifier_ID"
format="text"/>" target="_blank">
  <tecinno:conditionForCase attr="Att_All_Title" predicate="equal"
value="">
    <span class="no_titel">(kein Titel vorhanden)</span><br>
  </tecinno:conditionForCase>
  <tecinno:conditionForCase attr="Att_All_Title" predicate="notequal"
value="">
    <strong><tecinno:printMarkupOfCase attr="Att_All_Title"
type="text"/></strong>
  </tecinno:conditionForCase>
</a>
```

Ausgabe von Beschreibung bei Web:

```
<tecinno:conditionForCase attr="Att_Web_Description" predicate="equal"
value="">
  <span class="no_descr"></span>
</tecinno:conditionForCase>
<tecinno:conditionForCase attr="Att_Web_Description"
predicate="notequal" value="">
  <tecinno:printMarkupOfCase attr="Att_Web_Description"
type="text"/><br>
</tecinno:conditionForCase>
```

Ausgabe von Relevanz und Dateigröße (letzteres nur bei PDF):

```
Relevanz: <tecinno:printSimValue />%
<tecinno:conditionForCase attr="Att_FileType" predicate="equal"
value="pdf">
  - Dateigröße <tecinno:printValueOfCase attr="Att_FileSize" /> KB
</tecinno:conditionForCase>
```

# Anhang 12 - Barrierefreie Navigation

Die Befehle `#IF`, `#ELSE`, `#ENDIF` werden von dem CMS Imperia ausgewertet und geben unterschiedliche Sprachvarianten aus. `<!--XX-mw_PipelineID-->` ist eine Imperia-Variable, die mit passenden Werten, je nachdem welcher Teil der Webseite durchsucht werden soll, befüllt wird.

```
<noscript>
    <!--Falls JS nicht vorhanden bzw. nicht aktiviert werden Links zu den
Ergebnisseiten 1 bis 11 angezeigt
        dabei ist die Anzahl von 10 Ergebnissen pro Seite fest vorgegeben
    /-->

    <!-- Achtung: nach e:IAS update alle <tecinno:comment> und
</tecinno:comment> in der noscript-Sektion löschen! /-->

    <!--Sprung auf Ergebnisseiten 1-11/-->
    <tecinno:condition condition="RetrievalResultNotEmpty">
    <!--1/-->
        <tecinno:conditionForCgiVar
        name="Pipelet.KSIndexRetrievalPipelet<!--XX-mw_PipelineID--
>.cursorPosition"
        predicate="equal"
      value="0">
            1
        </tecinno:conditionForCgiVar>
        <tecinno:conditionForCgiVar
        name="Pipelet.KSIndexRetrievalPipelet<!--XX-mw_PipelineID--
>.cursorPosition"
        predicate="notequal"
      value="0">
            <a href="?
                _IniFile=<tecinno:printValueOfCgiVar name="_IniFile" format="url"
/>&
                _PipelineID=<tecinno:printValueOfCgiVar name="_PipelineID"
format="url" />&
                _TemplateKey=<tecinno:printValueOfCgiVar name="_TemplateKey"
format="url" />&
                Att_Text_In=<tecinno:printValueOfCgiVar name="Att_Text_In"
format="url" />&
                _QueryClass=Agg_Search.V1&
                Att_FileIdentifier_ID_expandWildcards=<tecinno:printValueOfCgiVar
name="Att_FileIdentifier_ID_expandWildcards"  format="url" />&
                Att_FileName_expandWildcards=<tecinno:printValueOfCgiVar
name="Att_FileName_expandWildcards"  format="url" />&
                NoOfHits=<tecinno:printNoOfHits />&
                Pipelet.KSIndexRetrievalPipelet<!--XX-mw_PipelineID--
>.resultSetSize=10&
                s=1&
            Pipelet.KSIndexRetrievalPipelet<!--XX-mw_PipelineID--
>.cursorPosition=0"
            accesskey="1"
            >1</a>
        </tecinno:conditionForCgiVar>
    <!--mehr Ergebnisse (wenn MaxNoOfHits noch leer)
    Erst wenn MaxNoofHits gefüllt wird die echte Anzahl der Ergebnislinks
angezeigt/-->
    <tecinno:comment>
    <tecinno:conditionForCgiVar
        name="NoOfHits"
        predicate="equal"
```

```
      value="">
      <a href="?
              _IniFile=<tecinno:printValueOfCgiVar name="_IniFile" format="url"
/>&
              _PipelineID=<tecinno:printValueOfCgiVar name="_PipelineID"
format="url" />&
              _TemplateKey=<tecinno:printValueOfCgiVar name="_TemplateKey"
format="url" />&
              Att_Text_In=<tecinno:printValueOfCgiVar name="Att_Text_In"
format="url" />&
              _QueryClass=Agg_Search.V1&
              Att_FileIdentifier_ID_expandWildcards=<tecinno:printValueOfCgiVar
name="Att_FileIdentifier_ID_expandWildcards"  format="url" />&
              Att_FileName_expandWildcards=<tecinno:printValueOfCgiVar
name="Att_FileName_expandWildcards"  format="url" />&
              NoOfHits=<tecinno:printNoOfHits />&
              Pipelet.KSIndexRetrievalPipelet<!--XX-mw_PipelineID--
>.resultSetSize=10&
              s=1&
          Pipelet.KSIndexRetrievalPipelet<!--XX-mw_PipelineID--
>.cursorPosition=10"
          accesskey="w"
          >
#IF ("<!--SECTION:NAME:2-->" REQ "_e$")
   Further Results...</a>
#ELSE
   weitere Ergebnisse...</a>
#ENDIF
   </tecinno:conditionForCgiVar>
   </tecinno:comment>

   <!--2/-->
   <tecinno:comment>
   <tecinno:conditionForCgiVar
     name="NoOfHits"
     predicate="gt"
    value="10">
    </tecinno:comment>

        <tecinno:conditionForCgiVar
        name="Pipelet.KSIndexRetrievalPipelet<!--XX-mw_PipelineID--
>.cursorPosition"
        predicate="equal"
      value="10">
          2
        </tecinno:conditionForCgiVar>
        <tecinno:conditionForCgiVar
        name="Pipelet.KSIndexRetrievalPipelet<!--XX-mw_PipelineID--
>.cursorPosition"
        predicate="notequal"
      value="10">
          <a href="?
              _IniFile=<tecinno:printValueOfCgiVar name="_IniFile" format="url"
/>&
              _PipelineID=<tecinno:printValueOfCgiVar name="_PipelineID"
format="url" />&
              _TemplateKey=<tecinno:printValueOfCgiVar name="_TemplateKey"
format="url" />&
              Att_Text_In=<tecinno:printValueOfCgiVar name="Att_Text_In"
format="url" />&
              _QueryClass=Agg_Search.V1&
              Att_FileIdentifier_ID_expandWildcards=<tecinno:printValueOfCgiVar
name="Att_FileIdentifier_ID_expandWildcards"  format="url" />&
              Att_FileName_expandWildcards=<tecinno:printValueOfCgiVar
name="Att_FileName_expandWildcards"  format="url" />&
              NoOfHits=<tecinno:printNoOfHits />&
              Pipelet.KSIndexRetrievalPipelet<!--XX-mw_PipelineID--
>.resultSetSize=10&
              s=1&
```

```
                Pipelet.KSIndexRetrievalPipelet<!--XX-mw_PipelineID--
>.cursorPosition=10"
            accesskey="2"
            >2</a>
        </tecinno:conditionForCgiVar>

   <!--3/-->
   <tecinno:comment>
   <tecinno:conditionForCgiVar
     name="NoOfHits"
     predicate="gt"
    value="20">
    </tecinno:comment>

     <tecinno:conditionForCgiVar
        name="Pipelet.KSIndexRetrievalPipelet<!--XX-mw_PipelineID--
>.cursorPosition"
        predicate="equal"
       value="20">
            3
        </tecinno:conditionForCgiVar>
        <tecinno:conditionForCgiVar
        name="Pipelet.KSIndexRetrievalPipelet<!--XX-mw_PipelineID--
>.cursorPosition"
        predicate="notequal"
       value="20">
          <a href="?
            _IniFile=<tecinno:printValueOfCgiVar name="_IniFile" format="url"
/>&
            _PipelineID=<tecinno:printValueOfCgiVar name="_PipelineID"
format="url" />&
            _TemplateKey=<tecinno:printValueOfCgiVar name="_TemplateKey"
format="url" />&
            Att_Text_In=<tecinno:printValueOfCgiVar name="Att_Text_In"
format="url" />&
            _QueryClass=Agg_Search.V1&
            Att_FileIdentifier_ID_expandWildcards=<tecinno:printValueOfCgiVar
name="Att_FileIdentifier_ID_expandWildcards" format="url" />&
            Att_FileName_expandWildcards=<tecinno:printValueOfCgiVar
name="Att_FileName_expandWildcards"  format="url" />&
            NoOfHits=<tecinno:printNoOfHits />&
            Pipelet.KSIndexRetrievalPipelet<!--XX-mw_PipelineID--
>.resultSetSize=10&
            s=1&
         Pipelet.KSIndexRetrievalPipelet<!--XX-mw_PipelineID--
>.cursorPosition=20"
           accesskey="3"
           >3</a>
        </tecinno:conditionForCgiVar>

   <!--4/-->
   <tecinno:comment>
   <tecinno:conditionForCgiVar
     name="NoOfHits"
     predicate="gt"
    value="30">
   </tecinno:comment>

     <tecinno:conditionForCgiVar
        name="Pipelet.KSIndexRetrievalPipelet<!--XX-mw_PipelineID--
>.cursorPosition"
        predicate="equal"
       value="30">
          4
        </tecinno:conditionForCgiVar>
        <tecinno:conditionForCgiVar
        name="Pipelet.KSIndexRetrievalPipelet<!--XX-mw_PipelineID--
>.cursorPosition"
        predicate="notequal"
       value="30">
```

```
        <a href="?
          _IniFile=<tecinno:printValueOfCgiVar name="_IniFile" format="url"
/>&
          _PipelineID=<tecinno:printValueOfCgiVar name="_PipelineID"
format="url" />&
          _TemplateKey=<tecinno:printValueOfCgiVar name="_TemplateKey"
format="url" />&
          Att_Text_In=<tecinno:printValueOfCgiVar name="Att_Text_In"
format="url" />&
          _QueryClass=Agg_Search.V1&
          Att_FileIdentifier_ID_expandWildcards=<tecinno:printValueOfCgiVar
name="Att_FileIdentifier_ID_expandWildcards" format="url" />&
          Att_FileName_expandWildcards=<tecinno:printValueOfCgiVar
name="Att_FileName_expandWildcards" format="url" />&
          NoOfHits=<tecinno:printNoOfHits />&
          Pipelet.KSIndexRetrievalPipelet<!--XX-mw_PipelineID--
>.resultSetSize=10&
          s=1&
        Pipelet.KSIndexRetrievalPipelet<!--XX-mw_PipelineID--
>.cursorPosition=30"
          accesskey="4"
          >4</a>
      </tecinno:conditionForCgiVar>

  <!--5/-->
  <tecinno:comment>
  <tecinno:conditionForCgiVar
    name="NoOfHits"
    predicate="gt"
   value="40">
  </tecinno:comment>

      <tecinno:conditionForCgiVar
      name="Pipelet.KSIndexRetrievalPipelet<!--XX-mw_PipelineID--
>.cursorPosition"
      predicate="equal"
     value="40">
         5
      </tecinno:conditionForCgiVar>
      <tecinno:conditionForCgiVar
      name="Pipelet.KSIndexRetrievalPipelet<!--XX-mw_PipelineID--
>.cursorPosition"
      predicate="notequal"
     value="40">
        <a href="?
          _IniFile=<tecinno:printValueOfCgiVar name="_IniFile" format="url"
/>&
          _PipelineID=<tecinno:printValueOfCgiVar name="_PipelineID"
format="url" />&
          _TemplateKey=<tecinno:printValueOfCgiVar name="_TemplateKey"
format="url" />&
          Att_Text_In=<tecinno:printValueOfCgiVar name="Att_Text_In"
format="url" />&
          _QueryClass=Agg_Search.V1&
          Att_FileIdentifier_ID_expandWildcards=<tecinno:printValueOfCgiVar
name="Att_FileIdentifier_ID_expandWildcards" format="url" />&
          Att_FileName_expandWildcards=<tecinno:printValueOfCgiVar
name="Att_FileName_expandWildcards" format="url" />&
          NoOfHits=<tecinno:printNoOfHits />&
          Pipelet.KSIndexRetrievalPipelet<!--XX-mw_PipelineID--
>.resultSetSize=10&
          s=1&
        Pipelet.KSIndexRetrievalPipelet<!--XX-mw_PipelineID--
>.cursorPosition=40"
          accesskey="5"
          >5</a>
      </tecinno:conditionForCgiVar>

  <!--6/-->
  <tecinno:comment>
```

```
  <tecinno:conditionForCgiVar
    name="NoOfHits"
    predicate="gt"
   value="50">
  </tecinno:comment>

      <tecinno:conditionForCgiVar
      name="Pipelet.KSIndexRetrievalPipelet<!--XX-mw_PipelineID--
>.cursorPosition"
      predicate="equal"
     value="50">
          6
      </tecinno:conditionForCgiVar>
      <tecinno:conditionForCgiVar
      name="Pipelet.KSIndexRetrievalPipelet<!--XX-mw_PipelineID--
>.cursorPosition"
      predicate="notequal"
     value="50">
          <a href="?
          _IniFile=<tecinno:printValueOfCgiVar name="_IniFile" format="url"
/>&
          _PipelineID=<tecinno:printValueOfCgiVar name="_PipelineID"
format="url" />&
          _TemplateKey=<tecinno:printValueOfCgiVar name="_TemplateKey"
format="url" />&
          Att_Text_In=<tecinno:printValueOfCgiVar name="Att_Text_In"
format="url" />&
          _QueryClass=Agg_Search.V1&
          Att_FileIdentifier_ID_expandWildcards=<tecinno:printValueOfCgiVar
name="Att_FileIdentifier_ID_expandWildcards"  format="url" />&
          Att_FileName_expandWildcards=<tecinno:printValueOfCgiVar
name="Att_FileName_expandWildcards"  format="url" />&
          NoOfHits=<tecinno:printNoOfHits />&
          Pipelet.KSIndexRetrievalPipelet<!--XX-mw_PipelineID--
>.resultSetSize=10&
          s=1&
        Pipelet.KSIndexRetrievalPipelet<!--XX-mw_PipelineID--
>.cursorPosition=50"
        accesskey="6"
        >6</a>
      </tecinno:conditionForCgiVar>

  <!--7/-->
  <tecinno:comment>
  <tecinno:conditionForCgiVar
    name="NoOfHits"
    predicate="gt"
   value="60">
  </tecinno:comment>

      <tecinno:conditionForCgiVar
      name="Pipelet.KSIndexRetrievalPipelet<!--XX-mw_PipelineID--
>.cursorPosition"
      predicate="equal"
     value="60">
          7
      </tecinno:conditionForCgiVar>
      <tecinno:conditionForCgiVar
      name="Pipelet.KSIndexRetrievalPipelet<!--XX-mw_PipelineID--
>.cursorPosition"
      predicate="notequal"
     value="60">
          <a href="?
          _IniFile=<tecinno:printValueOfCgiVar name="_IniFile" format="url"
/>&
          _PipelineID=<tecinno:printValueOfCgiVar name="_PipelineID"
format="url" />&
          _TemplateKey=<tecinno:printValueOfCgiVar name="_TemplateKey"
format="url" />&
```

```
            Att_Text_In=<tecinno:printValueOfCgiVar name="Att_Text_In"
format="url" />&
            _QueryClass=Agg_Search.V1&
            Att_FileIdentifier_ID_expandWildcards=<tecinno:printValueOfCgiVar
name="Att_FileIdentifier_ID_expandWildcards"  format="url" />&
            Att_FileName_expandWildcards=<tecinno:printValueOfCgiVar
name="Att_FileName_expandWildcards"  format="url" />&
            NoOfHits=<tecinno:printNoOfHits />&
            Pipelet.KSIndexRetrievalPipelet<!--XX-mw_PipelineID--
>.resultSetSize=10&
            s=1&
        Pipelet.KSIndexRetrievalPipelet<!--XX-mw_PipelineID--
>.cursorPosition=60"
        accesskey="7"
        >7</a>
      </tecinno:conditionForCgiVar>

  <!--8/-->
  <tecinno:comment>
  <tecinno:conditionForCgiVar
    name="NoOfHits"
    predicate="gt"
   value="70">
  </tecinno:comment>

      <tecinno:conditionForCgiVar
      name="Pipelet.KSIndexRetrievalPipelet<!--XX-mw_PipelineID--
>.cursorPosition"
      predicate="equal"
     value="70">
        8
      </tecinno:conditionForCgiVar>
      <tecinno:conditionForCgiVar
      name="Pipelet.KSIndexRetrievalPipelet<!--XX-mw_PipelineID--
>.cursorPosition"
      predicate="notequal"
     value="70">
        <a href="?
          _IniFile=<tecinno:printValueOfCgiVar name="_IniFile" format="url"
/>&
          _PipelineID=<tecinno:printValueOfCgiVar name="_PipelineID"
format="url" />&
          _TemplateKey=<tecinno:printValueOfCgiVar name="_TemplateKey"
format="url" />&
          Att_Text_In=<tecinno:printValueOfCgiVar name="Att_Text_In"
format="url" />&
          _QueryClass=Agg_Search.V1&
          Att_FileIdentifier_ID_expandWildcards=<tecinno:printValueOfCgiVar
name="Att_FileIdentifier_ID_expandWildcards"  format="url" />&
          Att_FileName_expandWildcards=<tecinno:printValueOfCgiVar
name="Att_FileName_expandWildcards"  format="url" />&
          NoOfHits=<tecinno:printNoOfHits />&
          Pipelet.KSIndexRetrievalPipelet<!--XX-mw_PipelineID--
>.resultSetSize=10&
          s=1&
        Pipelet.KSIndexRetrievalPipelet<!--XX-mw_PipelineID--
>.cursorPosition=70"
        accesskey="8"
        >8</a>
      </tecinno:conditionForCgiVar>

  <!--9/-->
  <tecinno:comment>
  <tecinno:conditionForCgiVar
    name="NoOfHits"
    predicate="gt"
   value="80">
  </tecinno:comment>

      <tecinno:conditionForCgiVar
```

```
              name="Pipelet.KSIndexRetrievalPipelet<!--XX-mw_PipelineID--
>.cursorPosition"
        predicate="equal"
       value="80">
            9
        </tecinno:conditionForCgiVar>
        <tecinno:conditionForCgiVar
        name="Pipelet.KSIndexRetrievalPipelet<!--XX-mw_PipelineID--
>.cursorPosition"
        predicate="notequal"
       value="80">
          <a href="?
            _IniFile=<tecinno:printValueOfCgiVar name="_IniFile" format="url"
/>&
            _PipelineID=<tecinno:printValueOfCgiVar name="_PipelineID"
format="url" />&
            _TemplateKey=<tecinno:printValueOfCgiVar name="_TemplateKey"
format="url" />&
            Att_Text_In=<tecinno:printValueOfCgiVar name="Att_Text_In"
format="url" />&
            _QueryClass=Agg_Search.V1&
            Att_FileIdentifier_ID_expandWildcards=<tecinno:printValueOfCgiVar
name="Att_FileIdentifier_ID_expandWildcards"  format="url" />&
            Att_FileName_expandWildcards=<tecinno:printValueOfCgiVar
name="Att_FileName_expandWildcards"  format="url" />&
            NoOfHits=<tecinno:printNoOfHits />&
            Pipelet.KSIndexRetrievalPipelet<!--XX-mw_PipelineID--
>.resultSetSize=10&
            s=1&
         Pipelet.KSIndexRetrievalPipelet<!--XX-mw_PipelineID--
>.cursorPosition=80"
          accesskey="9"
          >9</a>
        </tecinno:conditionForCgiVar>

  <!--10/-->
  <tecinno:comment>
  <tecinno:conditionForCgiVar
    name="NoOfHits"
    predicate="gt"
   value="90">
  </tecinno:comment>

      <tecinno:conditionForCgiVar
      name="Pipelet.KSIndexRetrievalPipelet<!--XX-mw_PipelineID--
>.cursorPosition"
        predicate="equal"
       value="90">
            10
        </tecinno:conditionForCgiVar>
        <tecinno:conditionForCgiVar
        name="Pipelet.KSIndexRetrievalPipelet<!--XX-mw_PipelineID--
>.cursorPosition"
        predicate="notequal"
       value="90">
          <a href="?
            _IniFile=<tecinno:printValueOfCgiVar name="_IniFile" format="url"
/>&
            _PipelineID=<tecinno:printValueOfCgiVar name="_PipelineID"
format="url" />&
            _TemplateKey=<tecinno:printValueOfCgiVar name="_TemplateKey"
format="url" />&
            Att_Text_In=<tecinno:printValueOfCgiVar name="Att_Text_In"
format="url" />&
            _QueryClass=Agg_Search.V1&
            Att_FileIdentifier_ID_expandWildcards=<tecinno:printValueOfCgiVar
name="Att_FileIdentifier_ID_expandWildcards"  format="url" />&
            Att_FileName_expandWildcards=<tecinno:printValueOfCgiVar
name="Att_FileName_expandWildcards"  format="url" />&
            NoOfHits=<tecinno:printNoOfHits />&
```

```
                Pipelet.KSIndexRetrievalPipelet<!--XX-mw_PipelineID--
>.resultSetSize=10&
            s=1&
            Pipelet.KSIndexRetrievalPipelet<!--XX-mw_PipelineID--
>.cursorPosition=90"
            accesskey="10"
            >10</a>
        </tecinno:conditionForCgiVar>

   <!--11/-->
   <tecinno:comment>
   <tecinno:conditionForCgiVar
     name="NoOfHits"
     predicate="gt"
    value="100">
   </tecinno:comment>

        <tecinno:conditionForCgiVar
        name="Pipelet.KSIndexRetrievalPipelet<!--XX-mw_PipelineID--
>.cursorPosition"
        predicate="equal"
        value="100">
            11
        </tecinno:conditionForCgiVar>
        <tecinno:conditionForCgiVar
        name="Pipelet.KSIndexRetrievalPipelet<!--XX-mw_PipelineID--
>.cursorPosition"
        predicate="notequal"
        value="100">
            <a href="?
            _IniFile=<tecinno:printValueOfCgiVar name="_IniFile" format="url"
/>&
            _PipelineID=<tecinno:printValueOfCgiVar name="_PipelineID"
format="url" />&
            _TemplateKey=<tecinno:printValueOfCgiVar name="_TemplateKey"
format="url" />&
            Att_Text_In=<tecinno:printValueOfCgiVar name="Att_Text_In"
format="url" />&
            _QueryClass=Agg_Search.V1&
            Att_FileIdentifier_ID_expandWildcards=<tecinno:printValueOfCgiVar
name="Att_FileIdentifier_ID_expandWildcards"  format="url" />&
            Att_FileName_expandWildcards=<tecinno:printValueOfCgiVar
name="Att_FileName_expandWildcards"  format="url" />&
            NoOfHits=<tecinno:printNoOfHits />&
            Pipelet.KSIndexRetrievalPipelet<!--XX-mw_PipelineID--
>.resultSetSize=10&
            s=1&
            Pipelet.KSIndexRetrievalPipelet<!--XX-mw_PipelineID--
>.cursorPosition=100"
            accesskey="11"
            >11</a>
        </tecinno:conditionForCgiVar>
   <!--Ende der NoOfHits Auswertungen/-->
   <tecinno:comment>
   </tecinno:conditionForCgiVar>
   </tecinno:conditionForCgiVar>
   </tecinno:conditionForCgiVar>
   </tecinno:conditionForCgiVar>
   </tecinno:conditionForCgiVar>
   </tecinno:conditionForCgiVar>
   </tecinno:conditionForCgiVar>
   </tecinno:conditionForCgiVar>
   </tecinno:conditionForCgiVar>
   </tecinno:conditionForCgiVar>
   </tecinno:comment>
   </tecinno:condition>
   <!--ENDE: Sprung auf Ergebnissseiten 1-11/-->
</noscript>
```

# Anhang 13 - JavaScript Navigation

Die Befehle `#IF`, `#ELSE`, `#ENDIF` werden von dem CMS Imperia ausgewertet und geben unterschiedliche Sprachvarianten aus. `<!--XX-mw_PipelineID-->` ist eine Imperia-Variable, die mit passenden Werten, je nachdem welcher Teil der Webseite durchsucht werden soll, befüllt wird.

```
<!-- JavaScript zusätzliche Lösungen /-->
<!-- für nicht JS siehe "noscript"/-->
<script type="text/javascript">
  <!--
/* Konfiguration */
  /*manuell*/
  var scriptpath = '?'; //http-Pfad zu OrengeGate; muss in der Noscript
Sektion entsprechend angepasst werden, muss auf ? enden
                 //theoretisch lang hier '?'
  var maxresultpages = 12; //Maximale Anzahl der angezeigten Verweise auf
Ergebnisseiten

  /*automatisch*/
  noofhits = <tecinno:printNoOfHits />;  //Anzahl der gefundenen Dokumente
  resultsetsize = 10; //defaultwert
  from = 0;        //defaultwert
  <tecinno:loopForValueOfPipeletParameter pipelet="KSIndexRetrievalPipelet<!--
XX-mw_PipelineID-->" parameter="resultSetSize">
  resultsetsize = <tecinno:printValueOfPipeletParameter/>; //Anzahl Dokumente
pro Seite
  </tecinno:loopForValueOfPipeletParameter>
  <tecinno:loopForValueOfPipeletParameter pipelet="KSIndexRetrievalPipelet<!--
XX-mw_PipelineID-->" parameter="cursorPosition">
  from  = <tecinno:printValueOfPipeletParameter/>; //Seite zeigt Element ab
#; startet bei 0
  </tecinno:loopForValueOfPipeletParameter>

#IF ("<!--SECTION:NAME:2-->" REQ "_e$")
   var text_next = 'next';
  var text_back = 'back ';
#ELSE
  var text_next = 'vorwärts';
  var text_back = 'zurück ';
#ENDIF

/* Aufbau der Links */
  var parameter = '_IniFile=<tecinno:printValueOfCgiVar name="_IniFile"
format="url" />&'
        <tecinno:conditionForCgiVar name="_PipelineID" predicate="notequal"
value="">
          + '_PipelineID=<tecinno:printValueOfCgiVar name="_PipelineID"
format="url" />&'
        </tecinno:conditionForCgiVar>
        <tecinno:conditionForCgiVar name="_TemplateKey" predicate="notequal"
value="">
          + '_TemplateKey=<tecinno:printValueOfCgiVar name="_TemplateKey"
format="url" />&'
        </tecinno:conditionForCgiVar>
        + 'Att_Text_In=<tecinno:printValueOfCgiVar name="Att_Text_In"
format="url" />&'
        + '_QueryClass=Agg_Search.V1&'
        <tecinno:conditionForCgiVar
name="Att_FileIdentifier_ID_expandWildcards" predicate="notequal" value="">
```

```
                     +
'Att_FileIdentifier_ID_expandWildcards=<tecinno:printValueOfCgiVar
name="Att_FileIdentifier_ID_expandWildcards"  format="url" />&'
            </tecinno:conditionForCgiVar>
            <tecinno:conditionForCgiVar name="Att_FileName_expandWildcards"
predicate="notequal" value="">
                + 'Att_FileName_expandWildcards=<tecinno:printValueOfCgiVar
name="Att_FileName_expandWildcards"  format="url" />&'
            </tecinno:conditionForCgiVar>
            + 'NoOfHits=<tecinno:printNoOfHits />&'
            + 'Pipelet.KSIndexRetrievalPipelet<!--XX-mw_PipelineID--
>.resultSetSize=' + resultsetsize + '&'
            + 's=1&'
            + 'Pipelet.KSIndexRetrievalPipelet<!--XX-mw_PipelineID--
>.cursorPosition=';

   /* Einzelne Nav-Links aufbauen */
   var Links = new Array();
   var aktuelleseite = Number((from / resultsetsize).toFixed(0))+1;   //auf
welcher ergebnisseite befinden wir uns aktuell
   var i = 1;

   if(resultsetsize <= noofhits) {
      while ((i-1) * resultsetsize <= noofhits) {

         var maxrespag2 = Number((maxresultpages / 2).toFixed(0));

         if ((((aktuelleseite <= i+Number(maxrespag2)) && (aktuelleseite >= i-
maxrespag2))
              || ((aktuelleseite < maxresultpages-maxrespag2) && (i<
maxresultpages)))) {
            //Links erzeugen
            Links[i] = scriptpath + parameter + ((i-1) * resultsetsize);   //für
1 muss der Parameter 0 sein, für 2 muss er 10 sein

            //Einbau in Seite
            if (Number(aktuelleseite) !== i) {
               var mylink = document.createElement('a');
               mylink.setAttribute("href",Links[i]);

            } else {
               var mylink = document.createElement('span');
               mylink.style.fontWeight = 'bold';
            }
            document.getElementById("link").appendChild(mylink);
            mylink.appendChild(document.createTextNode(i));
            mylink.setAttribute("title","Ergebnisseite " + i);
            mylink.setAttribute("accesskey", i);

   document.getElementById("link").appendChild(document.createTextNode(' '));
         }
         i++;
      }
   }

   /*Weiter Link bauen 'vorwärts'*/
   if ((aktuelleseite) * resultsetsize <= noofhits) {
   var linkv = scriptpath + parameter + (aktuelleseite * resultsetsize);
   } else {
   linkv = '';
   }
   /*zurück Link bauen 'zurück'*/
   if (aktuelleseite > 1) {
   var linkz = scriptpath + parameter + ((aktuelleseite-2) * resultsetsize);
   } else {
   linkz = '';
   }

/*Einbau der Links in die Seite */
```

```
 if (linkv) {
var mylinkv = document.createElement("a");
mylinkv.appendChild(document.createTextNode(text_next));
mylinkv.setAttribute("accesskey", "v");
mylinkv.href = linkv;
mylinkv.rel = 'next';
mylinkv.style.fontWeight = 'bold';
document.getElementById("linkv").appendChild(mylinkv);
 }

 if (linkz) {
var mylinkz = document.createElement("a");
mylinkz.appendChild(document.createTextNode(text_back));
mylinkz.setAttribute("accesskey", "z");
mylinkz.href = linkz;
mylinkz.rel = 'prev';
mylinkz.style.fontWeight = 'bold';
document.getElementById("linkz").appendChild(mylinkz);
 }

//-->
```

# Anhang 14 – Shell-Skript zur Logdatei-Umwandlung

Das folgende Shell-Skript wandelt die von e:IAS generierten Logdateien in ein kompakteres Format um, das dann in das Auswertungsskript eingelesen werden kann.

```
#!/bin/sh
#Version 1.0 - 19.01.2007
# © 2007 - stefan Wagner, http://trumpkin.de
#
rm -f logfile_final.log
#
#Schleife
for i
do
  echo ${i}
  #Namen der Log-Dateien sind übergebene Argumente
  #
  name=${i}
  #
  #
  #Wenn Intranetlogfile, dann Bezeichnung der Searchpipeline ändern
  if [ "${name#*/}" = "logfile_IntranetSearchPM1.log" -o "${name#*/}"
= "logfile_IntranetSearchPM2.log" ]
    then sed 's/searchPipeline/IntranetSearchPipeline/g' $name >
$name.000.tmp
    else cp $name $name.000.tmp
  fi
  #
  #
  # 0. Ersatzzeichen für Anführungszeichen einfügen
  # " in \| umwandeln
  sed 's/"/\\|/g' $name.000.tmp > $name.00.tmp
  #
  # 1. Leere Anfragen reparieren
  # ' '' in '' '' umwandeln
  sed "s/ ' '' / '' '' /g" $name.00.tmp > $name.2.tmp
  #
  # 3. Hochkommas in Anführungsersatzzeichen umwandeln
  # leer', 'leer', 'leer in leer", "leer", "leer umwandeln
  sed "s/' '/| |/g" $name.2.tmp > $name.3.tmp
  sed "s/ '/ |/g" $name.3.tmp > $name.4.tmp
  sed "s/' /| /g" $name.4.tmp > $name.5.tmp
  #
  # 4. Zeilenumbrüche entfernen
  # leer__\n__leer
  sed -e :a -e '$!N;s/[ ^t]*__\n__[ ^t]//;ta' -e 'P;D' $name.5.tmp >
$name.6b.tmp
  #
  # 5. Falls keine nachfolgende Zeile (kein Ergebnis) Ergebnisanzahl 0
setzen
  #    und Statuscode 204 (no Content)
  # leerleer__ in leer0leer-leer204    umwandeln
  sed 's/[ ^t]*__$/ 0 - 204/g' $name.6b.tmp > $name.7.tmp
  #
  # 6. Überflüssige Ergebniszeilen löschen (werden bei mehr als einem
Ergebnis geschrieben)
  # Zeilen mit __leerleer löschen
```

```
sed '/^__[ ^t]*/d' $name.7.tmp > $name.8.tmp
#
# 8. Rückwandeln der bei 0. ersetzten Anführungszeichen
# | in " umwandeln
# besser noch maskieren, evtl mit &quote;
sed 's/\\|/\&quote;/g' $name.8.tmp > $name.9.tmp
#
# 9. Umwandeln der bei 3. gesetzten Anführungsersatzzeichen
# | in " umwandeln
sed 's/|/"/g' $name.9.tmp > $name.10.tmp
#
# 10. Setzen von Pseudo-Host Eintrag
# [03/11/2006:13:09:01]leer in [03/11/2006:13:09:01]leer1.1.1.1leer
umwandeln
#sed 's/^\[[0-9,\/,:]*\] /&1.1.1.1 /g' $name.10.tmp > $name.11.tmp
#
# 11. Setzen von Statuscode 200 (ok), wenn nicht Code 204
# Wenn '" 962 363 12098' am schluss steht
sed 's/" [0-9]* [0-9]* [0-9]*$/& 200/g' $name.10.tmp >
$name.final.log
#
#12. Temporäre Dateien löschen
#rm $name.*.tmp
#
#zu gemeinsamen Logfile zusammenführen
cat $name.final.log >> logfile_final.log
done
#
```

# Anhang 15 – Dokumentation der Logdatei-Auswertung

Siehe nächste Seite.

Benutzung und Administration
der Logfile-Auswertung
der e:IAS Suchfunktion
der Stadt Nürnberg

# HowTo-Dokument
# e:IAS Logfile-Auswertung

Stefan Wagner

Version 0.2
2. Mai 2007

# 1. Inhalt

# 2. Versionsmanagement

| Version | Datum | Änderung | Bearbeiter |
|---------|-------|----------|------------|
| 0.1 | 13.2.2007 | *Entwurf* | Stefan Wagner |
| 0.2 | 2.5.2007 | *Rechtschreibkorrektur* | Stefan Wagner |

## 3. Benutzerhandbuch

## 3.1. Zugang

Die Logfileauswertung kann im Intranet noch nicht erreicht werden.

## 3.2. Benutzeroberfläche

**Abbildung 1: Benutzeroberfläche der Logfileauswertung**

In Abbildung 1 sieht man den Aufbau der Benutzeroberfläche. Links befindet sich zuerst das Navigationsmenü (1), hier kann man zwischen den verschiedenen Auswertungen auswählen.

Danach kommt die Anzeige des betrachteten Zeitraums (2) und ein Formular, um diesen Zeitraum zu verändern (3-5). Hier kann man das Jahr (4) und den Monat (3) eingeben. Gibt man beim Jahr 0 an, werden alle Daten in die Auswertung eingeschlossen, gibt man beim Monat 0 an, werden die Daten des kompletten Jahres ausgewertet. In der Adressleiste des

Browsers kann außerdem der Parameter `day` (z.B. `?month=12&year=2006&day=1`) eingegeben werden, dann wird nur ein bestimmter Tag betrachtet.

Unter Pipelines (6) kann man die Such-Pipelines, die in die Auswertung mit eingeschlossen werden sollen, auswählen. Neben den einzelnen Pipelines gibt es noch die Einträge "Alle Suchpipelines" (hier wird alles zusammengefasst) und "Alle außer Intranet und Test" (hier werden nur die echten Internet-Such-Pipelines betrachtet).

Auf der rechten Seite (7) werden die einzelne Auswertungen ausgegeben.

Bei der Bedienung ist darauf zu achten, dass man Änderungen an Zeit und Pipeline immer mit dem Absendenbutton (5 oder 6) bestätigt; dabei kann auch beides gleichzeitig geändert werden.

## 3.3. Einzelne Auswertungen

Die einzelnen Auswertungen werden über die Navigation (Punkt 1 in Abbildung 1) aufgerufen. Im Folgenden werden die einzelnen Menüpunkte erläutert.

### 3.3.1. Übersicht

Das ist die Einstiegsseite, hier werden keine weiteren Daten ausgegeben.

### 3.3.2. Suchwörter

Hier werden die 300 häufigsten Suchwörter ausgegeben, dazu werden die von e:IAS normalisierten Suchanfragen genommen und auf einzelne Begriffe aufgeteilt.

### 3.3.3. Suchphrasen

Hier werden die 300 häufigsten Suchphrasen ausgegeben wie sie von e:IAS normalisiert wurden. Suchphrasen sind dabei die tatsächlich eingegebenen Suchanfragen, die aus einem oder mehreren Wörtern bestehen können.

Wenn man den Mauszeiger über eine Phrase bewegt, wird darunter die nicht-normalisierte Anfrage, wie sie der Benutzer tatsächlich eingegeben hat, angezeigt.

### 3.3.4. Anfragen

Hier wird die Anzahl der Anfragen und Ihre zeitliche Verteilung ausgegeben.

### 3.3.5. Tagesübersicht

Auf dieser Seite wird eine Übersicht über die Verteilung der Anfragen auf einzelne Tage ausgegeben. Da die Auswertung vor allem für die Fehlersuche interessant ist, ist die Ausgabe in der vorliegenden Version eher rudimentär (so werden für jeden Monat 31 Tage ausgegeben und unter Umständen auch "leere" Monate).

### 3.3.6. Technische Daten

In dieser Auswertung werden technische Daten wie die Pipelineausführungsdauer und die Anfragehäufigkeit ausgegeben.

# 4. Administrationshandbuch

Dieser Teil der Dokumentation ist für Administratoren gedacht und beschreibt die Installation und den Import der Logfiles.

## 4.1. Voraussetzungen

Folgende Voraussetzungen werden benötigt:

- Perl mit folgenden Modulen (sind über CPAN erhältlich):
  - CGI-Ajax
  - Class-DBI
  - Date-Calc
  - DBD-SQLite
  - DBI
  - Data-Dump
- Ein Webserver der Perl-Skripte ausführen kann
- Shell-Zugang (Bourne Shell)

## 4.2. Installation

Das Paket besteht aus folgenden Dateien:

- `log_config.pm`            Konfigurationsdatei
- `logfile_auswertung.pl`    Perl-Skript, das die Ausgabe erzeugt
- `logfile_import.pl`        Perl-Skript für den Import der Logfile-Daten
- `schema.sql`               SQLite Daten, wird von logfile_import.pl benötigt
- `layout/*`                 Dateien für die Darstellung im Webserver (css, Bilder)

Zusätzlich sind diese Dateien zur Umwandlung der Roh-Logdateien enthalten:

- `logdatei_generieren.sh`          Shell-Skript, um die Logdateien umzuwandeln
- `logdateigenerierung_aufruf.sh`   Beispielaufruf von `logdatei_generieren.sh`

Die Dateien der Logfileauswertung werden in ein Verzeichnis gestellt, `logfile_auswertung.pl` muss vom Webserver erreichbar sein. Die Perl-Skripte müssen mit `chmod +x` als ausführbar gekennzeichnet sein.

Die Umwandlungskripte werden am besten in ein extra Verzeichnis gestellt.

## 4.3. Format der Logdateien

Die Logdateien werden von e:IAS in einem Format bereitgestellt, das erst noch angepasst werden muss (siehe Abbildung 2). Die Anweisungen, die in e:IAS eingefügt werden müssen, um dieses Logfile zu erzeugen, werden in Anhang 1 (Seite 9) erläutert. E:IAS erzeugt utf-8 kodierte Dateien; diese Codierung wird in den Shell- und Perl-Skripten beibehalten.

```
[30/11/2006:12:21:39] searchPipeline 'Speisepläne' 'speiseplaene' 7  __
__  5 404
__  5 404
__  5 404
__  5 404
[30/11/2006:12:58:14] searchPipeline 'nürnberg' 'nuernberg' 8  __
__  5731 673
__  5731 673
__  5731 673
__  5731 673
__  5731 673
__  5731 673
__  5731 673
__  5731 673
__  5731 673
[20/12/2006:06:51:26] searchPipeline 'EWA' 'ewa' 202  __
```

**Abbildung 2: Von e:IAS bereitgestellte Logfiles**

Diese Logdateien werden von dem Shellskript logdatei_generieren.sh in das
Format das von dem Perlskript eingelesen werden kann (siehe Abbildung 3), umgewandelt. In
Tabelle 1 sind die Bedeutungen der einzelnen Felder beschrieben.

```
[30/11/2006:12:21:39] IntranetSearchPipeline "Speisepläne" "speiseplaene" 7
    5 404 200
[30/11/2006:12:58:14] IntranetSearchPipeline "nürnberg" "nuernberg" 8 5731
    673 200
[20/12/2006:06:51:26] IntranetSearchPipeline "EWA" "ewa" 202 0 - 204
```

**Abbildung 3: Umgewandelte Logfiles (der Zeilenumbruch ist im Logfile nicht vorhanden)**

| Feld # | Beispiel | Bedeutung |
|--------|----------|-----------|
| 1 | [30/11/2006:12:21:39] | Datum und Uhrzeit |
| 2 | IntranetSearchPipeline | Name der Pipeline |
| 3 | "Speisepläne" | Suchanfrage |
| 4 | "speiseplaene" | Von e:IAS normalisierte Suchanfrage |
| 5 | 7 | Ausführungszeit der Pipeline bis Stufe 1 |
| 6 | 5 | Anzahl der Ergebnisse |
| 7 | 404 | Ausführungszeit der Pipeline bis Stufe 2 |
| 8 | 200 | Resultcode:   200 = erfolgreich<br>204 = keine Ergebnisse gefunden |

**Tabelle 1: Logfile-Felder**

## 4.4. Umgebung und Funktion

Die von e:IAS erzeugten Logfiles (je zwei für jeden Prozessmanager) müssen zusammen an das Shell-Skript übergeben werden, dieses erzeugt eine einzige Logdatei, die dann von dem Perl-Skript `logfile_import.pl` in die Datenbank importiert werden kann.

Dabei muss darauf geachtet werden, dass die e:IAS Logfiles alle denselben Stand haben, da das Importskript sich das letzte Datum merkt und beim nächsten Lauf alle Einträge, die vor diesem Datum liegen, ignoriert. Genauso werden fehlerhafte Logzeilen ignoriert (beispielsweise wenn von einem Spam-Bot Daten mit Zeilenumbrüchen in die Suchanfrage eingegeben wurden).

Die Datei `logfile_auswertung.pl` wird dann als CGI-Skript von einem Webserver eingebunden, greift auf die Datenbank zu und gibt die Auswertungen aus. Über die CSS-Datei im Unterverzeichnis `layout` kann die Darstellung der Ausgabe angepasst werden.

Die Konfigurationsdatei `log_config.pm` wird von dem Import- und dem Anzeige-Skript verwendet.

## 4.5. Konfiguration

Die Anwendung wird über die Konfigurationsdatei `log_config.pm` konfiguriert. Die Datei darf nur mit einem Texteditor, der UTF-8 anzeigen und speichern kann, bearbeitet werden, da sonst Daten verloren gehen können.

Die Konfigurationsvariablen sind Perl-Hash-Variablen; im folgenden sind die einzelnen Konfigurationsmöglichkeiten aufgeführt:

### 4.5.1. debug

Legt den Debug-Level fest, für den produktiven Einsatz ist hier 0 einzutragen

```
$config{debug} = 0;
```

### 4.5.2. db_system

Das Datenbanksystem. Im Moment wird nur SQLite unterstützt.

```
$config{'db_system'} = 'SQLite';
```

### 4.5.3. db_name

Bei SQLite der Pfad und Name der Datei (ohne Dateierweiterung), in der die Datenbank gespeichert wird. logfile_import.pl muss Schreibrechte für diese Datei besitzen.

```
$config{'db_name'} = 'log_internetsearch';
```

### 4.5.4. logfile_name

Der Name und Pfad zu dem von dem Umwandlungskript generierten Logfile.

```
$config{'logfile_name'} = 'logfile_final.log';
```

### 4.5.5. logfile_delete
Soll das Logfile gelöscht werden: 1 für Ja, 0 für Nein.

```
$config{'logfile_delete'} = 0;
```

### 4.5.6. logfile_temppath
Das Verzeichnis, in dem die temporären Dateien gespeichert werden.

```
$config{'logfile_temppath'} = './';
```

### 4.5.7. pipeline_exclude
Hier werden die Namen von Pipelines aufgeführt, die bei dem Menüpunkt „Alle bis auf ausgeschlossene Pipelines" nicht betrachtet werden sollen.

```
$config{'pipeline_exclude'}[0] = 'AllURLTest';
$config{'pipeline_exclude'}[1] = 'IntranetSearchPipeline';
```

### 4.5.8. pipeline_names
Hier können den technischen Bezeichnern der Pipeline aussagekräftige Namen gegeben werden. Die Namen sollten nicht mehr als 28 Zeichen umfassen. Sie können z. B. die Domain und die Nummer der URL in der internen Liste umfassen. Es gibt zwei spezielle Bezeichner:
- `%` steht für alle Pipelines.
- `allExcept` steht für alle bis auf die auszuschließenden (siehe 4.5.7).

```
$config{'pipeline_names'} = { '%' => 'Alle Suchpipelines',
    'allExcept' => 'Alle außer Intranet und Test',
    'IntranetSearchPipeline' => 'Intranet',
    'searchPipelineURL3' => 'museen.nuernberg.de (3)',
    'searchPipelineURL4' => 'europa.nuernberg.de (4)'};
```

## 4.6. Bereinigung und Komprimierung
Eine Funktion zur Bereinigung und Komprimierung der Daten ist noch nicht implementiert. Hier muss erst noch festgestellt werden, welche Daten dauerhaft von Interesse sind und wie viel Speicherplatz die Datenbank benötigt. Zum jetzigen Zeitpunkt werden für 11.000 Einträge 1,27 MB belegt.

Ein Ansatzpunkt könnte das Zusammenziehen der Zugriffsdaten auf stündliche oder noch längere Zeitintervalle und das Löschen von nicht in der Auswertung betrachteten Anfragen (da hier nur die 300 häufigsten Anfragen ausgegeben werden) sein.

# Anhang

## 1. Einstellungen in e:IAS

In e:IAS werden die Logfileeinträge in den Search-Pipelines (siehe Abbildung 4) erzeugt. Dort werden Regeln dazu benutzt, Einträge an LogWriterPipelets zu übergeben, die dann die eigentliche Logdatei schreiben. In den Vervollständigungsregeln (Completion-Rules, siehe Abbildung 5) wird der erste Teil der Logeinträge mit Datum und Uhrzeit, Name der Pipeline, Sucheingaben, normalisierten Sucheingaben und der ersten Ausführungszeit übergeben und in den Anpassungsregeln (AdaptionRules, siehe Abbildung 6) wird der zweite Teil, beginnend mit zwei Unterstrichen, der Anzahl der Ergebnisse und der zweiten Ausführungszeit erzeugt.

In Abbildung 2 (Seite 6) erkennt man die von den Vervollständigungsregeln geschriebenen Logzeilen an dem Datum am Anfang der Zeile und die von den Anpassungsregeln geschriebenen an den zwei Unterstrichen. Dabei werden die Anpassungsregeln und ihr LogWriterPipelet nur einmal aufgerufen, die Anpassungsregeln werden je nachdem, wie viele Ergebnisse auf der Ergebnisseite angezeigt werden, durchgeführt. Wird kein Ergebnis gefunden, dann wird der zweite Teil des Logs auch nicht geschrieben.

Laut Informationen des Empolis-Support werden die Suchanfragen von dem Prozessmanager nacheinander ausgeführt und eventuell gleichzeitig ankommende in eine Warteschlange gestellt. Es müssten also auch alle Einträge nacheinander in das Logfile geschrieben werden. Obiges Vorgehen geht von dieser Annahme aus, es hat sich allerdings in der Praxis gezeigt, dass es trotzdem manchmal zu „Vermischungen" im Logfile kommt; wie oft das passiert und wie man das umgehen kann müsste noch untersucht werden.

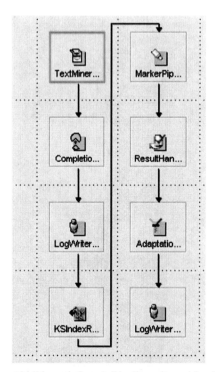

**Abbildung 4: Search-Pipeline mit zwei LogWriterPipelets**

```
VAR
    $textinnorm =
        Concatenation(""; $textinnorm1; ""; depthFirst; "'"; Text.V1);
    $runtime =
        GetPipeletParameter(System ; "pipe.runtime"; single; Text.V1);
    $timestamp =
        FormatDateTime(
        GetPipeletParameter(System ; "pipe.starttime"; single; Timestamp.V1);
        "[dd/MM/yyyy:HH:mm:ss]"; Text.V1);
    $logSearchPipeline =
        GetPipeletParameter(System ; "pipe.id"; single; Text.V1);
    $textin =
        Concatenation(""; Att_Text_In; ""; depthFirst; "'"; Text.V1);
    $textinnorm1 =
        Concatenation(Att_Content_Fulltext; depthFirst; ";"; Text.V1);
    $queryline =
        Concatenation($timestamp; $logSearchPipeline; $textin; $textinnorm;
        $runtime; " __"; depthFirst; " "; Text.V1);
IF
THEN
        SetPipeletParameter(Pipelet; "LogWriterPipelet"; $queryline;
        "statement"; override)
```

**Abbildung 5: Vervollständigungsregeln, Name: Logging**

```
VAR
    $numberofhits =
        GetPipeletParameter(System ; "noOfHits"; single; Integer.V1);
    $runtime =
        GetPipeletParameter(System ; "pipe.runtime"; single; Text.V1);
    $queryline =
        Concatenation("__ "; $numberofhits; $runtime; depthFirst; " ";
        Text.V1);
IF
THEN
        SetPipeletParameter(Pipelet; "LogWriterPipelet"; $queryline;
        "statement"; override)
```

**Abbildung 6: Anpassungsregeln, Name: Logging**


## 1.1.    Gescheiterte Versuche

Folgende Anordnungen führen nicht zum Ziel:

Wenn die ganzen Regeln und das LogWriterPiplet nach hinten geschoben werden, ist zwar die Anzahl der Ergebnisse für die Ausgabe in das Logfile verfügbar, dafür aber nicht mehr die Suchanfrage und die Normalisierung der Suchanfrage.

Wenn am Anfang die einen Regeln benutzt werden, um die Suchanfrage auszulesen, ihr Zwischenergebnis über Variablen am Schluss an die zweiten Regeln zu übergeben und ganz am Schluss das Logfile zu schreiben, wurde kein Logeintrag erstellt, wenn kein Ergebnis gefunden wurde. Außerdem wurde für jeden Treffer, der auf der Ergebnisseite ausgegeben wurde, eine komplette Logzeile erstellt, ohne dass man unterscheiden kann, ob das eine neue Anfrage oder eine zusätzliche Ausgabe ist.

# Anhang 16 – HowTo-Dokument: Domain hinzufügen

Siehe nächste Seite.

Hinzufügen einer neuen Domain
in die Suchbasis der Suchlösung
empolis Information Access Suite
der Stadt Nürnberg

# HowTo-Dokument - Domain hinzufügen

Stefan Wagner

Version 0.2
3. Mai 2007

# 1. Inhaltsverzeichnis

# 2. Versionsmanagement

| Version | Datum | Änderung | Bearbeiter |
|---------|-------|----------|------------|
| 0.1 | 31.1.2007 | *Entwurf ./.* | Stefan Wagner |
| 0.2 | 3.5.2007 | *Rechtschreibkorrektur* | Stefan Wagner |

# 3. Einleitung

Dieses Dokument soll beschreiben, wie man zu der Internet- und Intranetsuche der Stadt Nürnberg auf Basis der Software empolis Information Access Suite neue Domains und Auftritte hinzufügen kann.

Dabei beschreibt das Dokument das Hinzufügen neuer Webauftritte anhand der Internetsuche, da das Intranet abgeschlossen ist und hier nichts hinzugefügt werden muss. Es wird auf den Fall der Teilindexsuche und der Vollindexsuche eingegangen.

Die Schritte, die nur für eine Teilindexsuche relevant sind, sind durch das Schlüsselwort Teilindex in Klammern gekennzeichnet.

# 4.    Domain hinzufügen

Folgende Daten müssen bekannt sein und in der Datei URL-Liste.xls eingepflegt werden:
- Die Domain (z.B. stadtteiltreff-no.nuernberg.de)
- Die StartURL (z.B. http://nuernberg.de/internet/stadtteiltreff-no/index.html)
  Kann auch direkt aus der Domain abgeleitet sein, je nachdem ob es ein Miniweb ist, das über das CMS verwaltet wird oder ein externer Webauftritt.
- Soll der Teilindex durchsucht werden oder nicht?

## 4.1.  Ergebnisseite (Teilindex)

Soll der Teilindex durchsucht werden, muss die Ergebnisseite angelegt werden und im Livesystem veröffentlicht werden. Außerdem muss man sich den Pfad dieser Ergebnisseite merken, einen Templatebezeichner ausdenken und beides in die Datei URL_Liste.xls (Blatt "Variablen_IAS_CMS") eingepflegt werden.

## 4.2.  Zu Datasources.xml hinzufügen

Einen passenden Block kopieren, am Ende einfügen und entsprechend anpassen.

Anpassen:
- SpiderSource SourceID
- Robot startURL

Dann geht es im Creator weiter.

## 4.3.  Data-Pipelines im Data-Manager erstellen

Eine neue DataPipeline anlegen und folgende Pipelets einfügen und in dieser Reihenfolge miteinander verbinden:

### 4.3.1.    Corba-Connector
- Datasource: Ist die SourceID aus Datasources.xml
- URI Variable: Att_Fileidentifier_ID

### 4.3.2.    Corba-Connector
- Datasource: Ist die SourceID aus Datasources.xml
- URI Variable: Att_Fileidentifier_ID
- TEXT_CONTENT: Att_FileContent
- SFR_DOC_SIZE: Att_FileSize
- SFR_DOC_MIMETYPE: Att_MimeType

### 4.3.3.    MimeType Detection
- Inhalt: Att_FileContent
- Dateiname: Att_FileName
- Mimetype: Att_MimeType
- Ausgabe1:
  - Mimetype: web
  - Inhaltsvariable: webDocument (selbst eingeben)

- o „Encoding aus Datei" abwählen
- o Kodierung: UTF-8 (verbirgt sich hinter Erweitert)
- Ausgabe2:
  - o Mimetype: pdf
  - o Inhaltsvariable: pdfDocument (selbst eingeben)
  - o Kodierung: binary

### 4.3.4. SectionTransformator

- Variable: webDocument
- Variablen:
  - o Att_Web_Title
    - Start: <title>
    - Ende: </title>
    - Tags löschen: wählen
    - Modus: allAsOne
  - o Att_Web_Content
    - Start: siehe entsprechende Analyseklasse in URL_Liste.xls
    - Ende: siehe entsprechende Analyseklasse in URL_Liste.xls
    - Tags löschen: wählen
    - Modus: allAsOne
  - o Att_Web_Description
    - Start: <meta name="description" content=" (siehe Analyseklasse)
    - Ende: "> (siehe Analyseklasse)
    - Tags löschen: wählen
    - Modus: allAsOne
  - o Att_Web_Keyword
    - Start: <meta name="keywords" content=" (siehe Analyseklasse)
    - Ende: "> (siehe Analyseklasse)
    - Tags löschen: wählen
    - Modus: allAsOne

### 4.3.5. DocToHTML

- Variable: pdfDokument
- „Interpretiere als Inhalt" anwählen
- Vorlage: Models\textout-with-properties.tmpl
- Ausgabe: convertedPdfDocument (eingeben)

### 4.3.6. SectionTransformator

- Variable: convertedPdfDocument
- Variablen:
  - o Att_Pdf_Title
    - Start: <title>
    - Ende: </title>
    - Tags löschen: wählen
    - Modus: allAsOne
  - o AllPdfPageasAsList (eingeben)
    - Start: <page>
    - Ende: </page>
    - Tags löschen: wählen

- Modus: allAsList

### 4.3.7. Data Iterator
- Variable: AllPdfPageasAsList
- Trennen anhand von: Quelle
- Ausgabe:
  - Inhalt: Att_Pdf_Content
  - Index: Att_Pdf_Page

### 4.3.8. Concat
- Eingabe
  - Variable: Att_Web_Title, "drücke concat"
  - Variable: Att_Pdf_Title, "drücke concat"
- Ausgabe
  - Variable: Att_All_Title

Jetzt nochmal ersten CorbaConnector aufrufen, mit „ok" bestätigen und dann speichern.

## 4.4. Pipelines im Pipe-Manager erstellen

### 4.4.1. InsertCasePipelineURL…duplizieren
Passende InsertCasePipeline duplizieren und Namen anpassen.

### 4.4.2. SearchPipelineURL…duplizieren (Teilindex)
Passende Search-Pipeline duplizieren und Namen anpassen.

### 4.4.3. InsertPipeletURL…duplizieren (Teilindex)
Passendes InsertPipelet duplizieren und Namen anpassen, außerdem in seinen Eigenschaften folgendes ändern:
- RetrieverIDs: Auf passendes KSIndexRetrievalPipelet ändern.

### 4.4.4. KSIndexRetrivalPipelet (Teilindex)
Passendes KSIndexRetrivalPipelet duplizieren und Namen anpassen, außerdem in seinen Eigenschaften folgendes ändern:
- IndexFile: Wert anpassen
- Ordner in Index1 und Index2 anlegen
- Reiter: „Service Providers" – hier Haken bei local machen.

### 4.4.5. InsertCasePipelineURL…im grafischen Editor (Teilindex)
InsertPipelet löschen und vorhin erstelltes einfügen.

### 4.4.6. SearchPipelineURL…im grafischen Editor (Teilindex)
KSIndexRetrivalPipelet löschen und vorhin erstelltes einfügen.

### 4.4.7. ResultHandlerPipelet (Teilindex)

In den Eigenschaften unter templates neue Ergebnisseiten eintragen und in URL_Liste.xls pflegen.

## 4.5. *Skripte und Batches erweitern*

In Batches/buildIndex1.bat und buildIndex2.bat einen Abschnitt kopieren, einfügen und anpassen, ebenso wird mit Scripts/ buildIndex1.sh und buildIndex2.sh verfahren.

- DataPipleineParameter
- ConnectPipelineParameter
- 2x beim indexMerger

Wenn ein Teilindex angelegt wurde, können zusätzlich noch Batches und Shell-Skripte dafür angelegt werden.

## 5. *Daten weitergeben*

Für ein Projektupdate auf dem Server benötigt man folgendes

- *.opc Datei
- *.osc Datei
- dataSources.xml (Version ohne Proxies!)
- models/* (der ganze Ordner ohne *.~* Dateien)
- Scripts/* (je nachdem welche Datei dort verändert wurde)
- Informationen, welche Unterordner in Index1/ und Index2/ hinzugefügt wurden

# Anhang 17 – Top-Kategorien der HUGO-Navigation

- Elektronische Dienste
  Online-Anwendungen, Formulare, Broschüren

- Lebensbereiche
  Sie benötigen für einen speziellen Lebensbereich Unterstützung? (Leben in der Familie, rund um die Arbeit,...)

- Nutzergruppen
  Sie gehören einer bestimmten Nutzergruppe an und haben ein Anliegen? (Unternehmen, Vereine & Organisationen,...)

- In Ihrer Umgebung suchen...
  Sie suchen eine Anlaufstelle, Einrichtung etc. speziell in Ihrer Umgebung?

- In diesen Wochen oft gesucht ...
  Freizeitangebote in der Stadt, kleiner Waffenschein, Öffnungszeiten,...

- Themenbereiche
  Sie haben ein Anliegen zu einem bestimmten Themenbereich? (Arbeit & Beruf, Geld & Vermögen, Wirtschaft,...)

- Ämter, Dienststellen & Einrichtungen
  Alle Ämter, Dienststellen und Einrichtungen übersichtlich gelistet von A bis Z inkl. der Dienstleistungen

- Formulare & andere Vorlagen
  Anträge, Formulare, Infoblätter, Broschüren, Beglaubigungen zum Herunterladen, ...

- Suche von A bis Z
  Alle Angebote übersichtlich gelistet von A bis Z

# Anhang CD – Zusätzliche Daten in digitaler Form

Inhaltsverzeichnis der CD

```
C:.
├──Dokumentationen ........................... Vom Verfasser geschriebene Dokumentationen
│
├──EUROVOC ....................................... XSLT-Stylesheets zur Umwandlung des Thesaurus
│
├──GEMET .......................................... Daten des GEMET-Thesaurus
│
├──GUI ............................................ Programmcodes für die GUI Ausgabe
│
├──Logdatei_Umbauen ........................ Shell-Skripts für die Umwandlung der Logdatei
│
└──Stresstest .................................. Programmcodes für den Stresstest
```

Unter http://trumpkin.de/diplomarbeit gibt es die Daten der CD
zum Herunterladen.

CPSIA information can be obtained at www.ICGtesting.com
Printed in the USA
BVOW061447020812

296916BV00006B/15/P

9 783836 657617